A CULTURA DIGITAL

FOLHA
EXPLICA

A CULTURA DIGITAL

ROGÉRIO DA COSTA

PUBLIFOLHA

Editor
Arthur Nestrovski

Assistência editorial
Paulo Nascimento Verano
Marcelo Ferlin Assami

Capa e projeto gráfico
Silvia Ribeiro

Assistência de produção gráfica
Soraia Pauli Scarpa

Revisão
Mário Vilela

Editoração eletrônica
Picture studio & fotolito

Dados internacionais de Catalogação na Publicação (CIP)
(Câmara Brasileira do Livro, SP, Brasil)

Costa, Rogério da
A cultura digital / Rogério da Costa. – 2 ed – São Paulo : Publifolha, 2003. – (Folha explica)

Bibliografia.
ISBN 85-7402-385-X

1. Comunicações digitais I. Título. II. Série.

02-2257 CDD-306

Índices para catálogo sistemático:
1. Cultura digital : Sociologia 306

PUBLIFOLHA
Divisão de Publicações do Grupo Folha

Al. Barão de Limeira, 401, 6º andar, CEP 01202-001, São Paulo, SP
Tel.: (11) 3224-2196/2202/2205 – Site: www.publifolha.com.br

SUMÁRIO

INTRODUÇÃO

A cultura da atualidade está intimamente ligada à idéia de interatividade, de interconexão, de inter-relação entre homens, informações e imagens dos mais variados gêneros. Essa interconexão diversa e crescente é devida, sobretudo, à enorme expansão das tecnologias digitais na última década.[1] Com o forte crescimento da oferta e consumo de produtos ditos de última geração, já não se pode mais falar do futuro que bate às nossas portas, mas simplesmente de alguns novos hábitos disseminados entre milhões de pessoas por todo o mundo.

Isso tem alimentado muitas fantasias e gerado grandes expectativas sobre a cultura digital nascente.

---

[1] Incluímos no espectro dessas tecnologias, principalmente, os seguintes aparelhos ou recursos já existentes: os famosos PCs, com mouse, teclado e desktop; a interconexão em rede entre os computadores, que é a Internet; os notebooks; os telefones celulares; os palmtops, ou computadores de mão; a TV digital interativa, ou iTV, como a chamam os europeus; os brinquedos eletrônicos e os consoles de games.

São visíveis as inúmeras modificações presenciadas na esfera do trabalho, que tem seu dia-a-dia marcado cada vez mais pela forte presença dos computadores, da Internet e dos telefones celulares. No âmbito da educação, milhares de pesquisadores, professores e estudantes de todo o planeta apostam na Internet, enxergando-a como fator tecnológico principal na evolução do ensino à distância e presencial.

As profundas transformações no setor de entretenimento e comunicação também não passam despercebidas. Neste início de século 21, surge uma televisão digital interativa, que pode muito bem tornar-se o símbolo do que se espera, para os próximos anos, em termos de interação com imagens e dados. Além dela, uma epidemia de sem-fio nos aguarda na esquina, pronta para espalhar inteligência entre os aparelhos que nos cercam.

Tais mudanças nos hábitos dos indivíduos não apenas afetam suas vidas num contexto estritamente tecnológico, mas também alcançam as zonas mais amplas de uma autêntica cultura digital. Este pequeno livro pretende guiar o leitor por alguns meandros dessa cultura, analisando práticas que vêm brotando a cada dia e que modificam sorrateiramente a vida de tanta gente.

O confronto cotidiano com o excesso de informação na rede é um desses aspectos. Muitas vezes, buscar uma informação na Web mais se parece com querer encontrar uma agulha no palheiro. Por isso, tentaremos entender por que os agentes inteligentes estão sendo apontados como a luz que ilumina o caminho dos internautas curiosos, dos pesquisadores e de tantos outros em suas tarefas rotineiras.

A proliferação das comunidades virtuais é outro ponto essencial. Veremos como as noções de cooperação, confiança e inter-relação constituem os pilares fundamentais que permitem a indivíduos de todos os cantos do mundo, cotidianamente, colaborarem para a manutenção viva de milhares de comunidades em rede. Cobrindo os mais variados domínios, seja trocando mensagens, seja debatendo questões políticas, seja simplesmente acompanhando uma discussão, pessoas de origens diversas, ao conviverem em comunidades *on-line*, experimentam esse aspecto tão recente da sociabilidade.

É importante alertar que o leitor não encontrará aqui um texto sobre inovações tecnológicas, apesar de tratarmos de algumas bem importantes. Tampouco terá uma explicação exaustiva sobre uma disputa entre termos tão polissêmicos: interação ou interatividade? Discutiremos aqui, mais do que tudo, o modo que estamos conduzindo e construindo nossas relações em meio aos mais variados artefatos tecnológicos.

1. QUE CULTURA DIGITAL É ESSA?

INTERATIVIDADE, ATENÇÃO, INTERCONEXÃO

Olhando em volta, não é difícil perceber quanto este nosso mundo está cada vez mais repleto de pequenas janelas digitais que dividem nossa atenção. Elas prometem notícias, avisos, diversão, recados dos amigos... São os visores dos celulares, palmtops, terminais eletrônicos nos bancos, aparelhos de fax, bips, quiosques de informação em shoppings e aeroportos, computadores e televisão digital, GameBoys e Tamagochis e outras coisas ainda. Todos têm em comum o fato de que só conversam conosco se sabemos manipulá-los.

Saber interagir com esses aparelhos é fundamental para que possamos extrair deles aquilo que desejamos, seja para estabelecermos uma comunicação com alguém, seja para obtermos um dado qualquer ou realizarmos uma operação bancária. Eles podem nos colocar em contato com inúmeras informações e pessoas a todo momento e no lugar em que estivermos. Na verdade, sua manipulação interativa já faz parte do cotidiano de milhões de usuários espalhados pelo planeta.

Tal interação representa um dos aspectos mais marcantes da cultura digital, que é essa capacidade de relação dos indivíduos com os inúmeros ambientes de informação que os cercam. Esses ambientes são também conhecidos como interfaces, pois se colocam entre os usuários e tudo aquilo que eles desejam obter. No fundo, acabam funcionando como verdadeiros filtros de informações, como afirma o autor de *Cultura da Interface*, o jornalista e escritor americano Steven Johnson,[2] pois deixam passar apenas o que interessa ao usuário naquele momento. Desse ângulo, o caráter de interativo não está dissociado da necessidade de filtragem de dados, que normalmente aparece quando se tem que lidar com grandes quantidades de notícias, de números de telefones, com catálogos de endereços, com conjuntos de operações – em suma, com o excesso de informação. Em meio a um sem-número de opções, a interface é tanto mais interativa quanto mais facilmente ela permite ao usuário obter o que deseja.

Outro aspecto que caracterizaria a cultura digital está ligado ao poder dessas mesmas interfaces de prender nossa atenção. O que já era conhecido no caso da televisão tornou-se ainda mais evidente com o computador e toda a família de telas e terminais que o acompanham: as janelas luminosas exercem uma atração especial sobre nós. Motivos não faltam e vão desde o simples interesse despertado pelas imagens em movimento até a necessidade de se comunicar ou de se manter informado.

Vale lembrar que a percepção da tela do computador como um ambiente com o qual podemos

---

[2] Steven Johnson, *Cultura da Interface*. Rio de Janeiro: Zahar, 2001.

interagir data do final dos anos 60. Um dos grandes responsáveis por isso foi, sem dúvida, Douglas Engelbart, engenheiro americano que participava dos primórdios da Internet e que, em 1968, apresentou numa conferência em San Francisco algumas de suas invenções, dentre elas o mouse e as janelas múltiplas.[3] De lá para cá, o princípio das janelas continua o mesmo, e, mais do que ampliar nossa capacidade intelectual, elas nos convidam a uma espécie de imersão através de sua arquitetura de telas que se sucedem umas às outras, conduzindo nossa atenção para dentro de um mundo que tateamos e exploramos mentalmente.

Um ambiente digital vive, por assim dizer, de nossa atenta concentração ao que se passa em seu interior. Diante de um terminal bancário, por exemplo, é preciso tomar uma série de caminhos através do monitor para obter o saldo da conta corrente ou efetuar algum pagamento. Nesse momento, seguindo passo a passo as instruções fornecidas pela máquina e tomando pequenas decisões para realizar sua operação, o usuário está profundamente concentrado no que faz, atento à conversa que a máquina estabeleceu com ele. Outro exemplo é a atividade lúdica e envolvente dos videogames, em que a atenção se vê inteiramente tomada na busca de uma chave oculta que dá acesso ao próximo nível, ou na execução rápida dos comandos que garantem a sobrevivência da personagem no jogo.

Vale lembrar, igualmente, a explosão das notícias *on-line*, que trouxe vários usuários de volta ao cenário

---

[3] Cf. Maria Ercília, *A Internet* (série "Folha Explica"). São Paulo: Publifolha, 2000. Sobre Douglas Engelbart, consultar: www.bootstrap.com

de consumo de informação. O novo leitor de notícias pela Internet apresenta hábitos que comprovam o poder de envolvimento dos ambientes virtuais, tais como a consulta a vários sites de notícias em sessões de cerca de 30 minutos cada, uma atenção concentrada em resumos e uma extensão de leitura de mais de 75% das matérias escolhidas.[4]

Ora, essas experiências diante de monitores ou terminais vão se tornar cada vez mais cotidianas e, ao mesmo tempo, mais complexas. Não é de hoje que telefones celulares e agendas eletrônicas permitem uma série de operações que vão bem além da simples comunicação telefônica ou do agendamento de endereços e tarefas.[5] O fato é que o potencial de interatividade oferecido pelas interfaces digitais só fez acentuar o envolvimento das pessoas com as novas tecnologias. Isso é um prenúncio de que é interagindo dessa forma que elas estarão, daqui para a frente, fazendo mais coisas e dedicando mais tempo e atenção de suas vidas.

Há ainda outro elemento na cultura digital que não se pode deixar de mencionar. Trata-se da convergência de vários aparelhos, como eletrodomésticos, computadores, telefones, impressoras, televisão etc., que terão algumas de suas funções interligadas através da Internet e da tecnologia sem-fio Bluetooth.[6] O principal fator que deve impulsionar essa interligação

---

[4] É o que mostra a pesquisa realizada no ano de 2000 pela Universidade Stanford e pelo The Poynter Institute. Ver: www.poynter.org/eyetrack2000/

[5] Atualmente, os telefones celulares já nos permitem enviar mensagens de texto, participar de chats e mandar e receber e-mail, entre outros recursos.

[6] Essa tecnologia, que surgiu em 1994, vem sendo desenvolvida por um consórcio de empresas formado pela Ericsson, Nokia e Motorola, entre outras. Ela permitirá a comunicação sem fio a curta distância entre grande variedade de dispositivos, conectando-os também à Internet.

é certamente a comunicação, e não apenas aquela que se estabelece entre indivíduos, mas também a que envolve os indivíduos e uma série de serviços que podem circular entre esses dispositivos. É o que acontecerá quando sua agenda eletrônica, por exemplo, receber um e-mail de uma emissora de televisão lhe comunicando o horário de um filme que você selecionou, ou quando sua geladeira ordenar automaticamente, pela Internet, a reposição de algum produto de sua preferência que já esteja terminando.

No entanto, é evidente que temos ainda uma visão compartimentada do modo pelo qual podemos utilizar cada um dos artefatos que enumeramos acima. Isso significa que a maioria das pessoas, em princípio, ainda percebe cada aparelho eletrônico ou eletrodoméstico como tendo função e uso muito bem definidos, sem correspondência direta uns com os outros. Afinal, poderíamos nos perguntar, o que a geladeira tem a ver com a Internet? Ou o que uma agenda eletrônica tem a ver com a televisão? Pois é exatamente essa possibilidade de interagirmos de um modo sempre mais denso, e durante um período de tempo cada vez maior, com todos os dispositivos a nossa volta o que impulsionará a interconexão generalizada.

Ora, se toda essa interligação se realizará ou não, e em que momento, só será possível saber no futuro próximo. O que nos interessa aqui é investigar quais fatores concretos poderão impulsionar as pessoas a alimentarem esses sonhos tecnológicos. Que tipo de cultura está se desenhando lentamente entre tantas pessoas, de tantos lugares e tão diferentes, e sustentará no futuro um modo de vida que, hoje, só a imaginação (e talvez nem mesmo ela) consegue fantasiar?

Não se pode deixar de reconhecer que a compreensão habitual de interatividade, de interconexão e de inter-relação encontra-se profundamente influenciada pela situação tecnológica calcada no padrão digital. De fato, o termo "digital" carrega uma série de conotações, dentre as quais não se poderia deixar de mencionar o acúmulo de dados, a possibilidade de manipulação de informações e, sobretudo, a ampliação de nossa participação e comunicação nos mais variados aspectos, através de um fax, de um celular ou da Internet.

É bem verdade, no entanto, que uma das associações mais comuns quando se pensa em "digital" é com a idéia de interatividade: "Se é digital, é interativo!" Há uma ligação muito forte no imaginário popular entre "digital", de um lado, e tudo aquilo com o que se possa interagir ou manipular, de outro. É assim que aparelhos digitais são anunciados como uma grande evolução porque, dentre outras coisas, seriam interativos.[7] O problema é não sabermos ao certo que espécie de interação prometida seria essa!

Ocorre que essa passagem, de "digital" a "interativo", acabou deixando de valer apenas para as fronteiras restritas dos aparelhos ou redes digitais e passou a ter significação dentro de um contexto mais amplo. Se "interativo" era, inicialmente, uma espécie de atributo de todo dispositivo ou rede digital, ou apenas uma propriedade das interfaces, como alguns

---

[7] Exemplos de atributo "interativo" para aparelhos digitais: o DVD é interativo porque nos permite navegar nas informações sobre o filme, os atores, a produção etc.; o aparelho de CD é interativo porque possibilita programar as faixas de música que irão tocar; o celular é interativo não apenas porque nos permite falar com outra pessoa, mas também porque através dele podemos receber e-mails, avisos importantes, notícias etc.; a geladeira do futuro será interativa porque poderemos programá-la para fazer pedidos de estoque diretamente ao supermercado; e assim por diante. Ou seja, a noção de interatividade está diretamente associada, nesses casos, às propriedades dos aparelhos digitais.

defendem,[8] hoje essa noção parece alcançar terrenos tão distintos quanto o das mídias tradicionais, o das máquinas inteligentes e o das comunidades virtuais. É certo que a construção de interfaces digitais ou ambientes de navegação, a manipulação de dados, a filtragem de informações, tudo isso alimentou e ainda alimenta a idéia de interatividade desde o surgimento da computação. No entanto, com a incessante inovação e disseminação das tecnologias, e com a pressão que essa disseminação vem exercendo sobre os meios tradicionais de comunicação, a função de interatividade passou a ser demandada por outras esferas.

Uma delas é a dos agentes inteligentes que, como veremos no segundo capítulo, interagem com os usuários da Internet, celulares, palmtops, brinquedos eletrônicos e TV digital a partir do conhecimento gradual de seus próprios hábitos. Os sonhos com andróides, humanóides, robôs e ciborgues estão ganhando materialidade na relação entre homens e máquinas "inteligentes". Outro campo é o das comunidades virtuais (analisadas no terceiro capítulo), que promovem uma espécie de interatividade distribuída entre pessoas de todo o planeta. Finalmente, o termo parece abarcar um conjunto de práticas promovidas pelas mídias convencionais, pois é possível entender que um programa de rádio ou de televisão seja interativo, na medida em que provoca a participação de ouvintes e telespectadores. É o que veremos em seguida, analisando mais especifi-

---

[8] Suely Fragoso, "De Interações e Interatividade". Em: *Compós, X Encontro*. Santos: Universitária Leopoldianum, 2001. Para uma análise mais detalhada da noção de interatividade, ver Pierre Lévy, *Cibercultura* (São Paulo: Editora 34, 1999), e Jens F. Jensen, "Interactivity – Tracking a New Concept in Media and Communication Studies", em: Paul A. Mayer (ed.), *Computer Media and Communication* (Oxford: Oxford University Press, 1999).

camente a crescente interatividade na televisão convencional e a chegada da TV digital interativa.

É bom notar que tal busca pela interatividade não pretende apenas oferecer ambientes mais amigáveis ou facilidades na comunicação entre as pessoas, ou entre pessoas e máquinas. Ela visa, igualmente, explorar palmo a palmo o misterioso território da "atenção consciente" dos homens. O que pode, afinal, captar melhor e mais profundamente a atenção humana? Nesse sentido, tudo o que foi dito até aqui parece indicar a construção de uma complexa "economia da atenção", em que a moeda mais valiosa seria justamente nossa atenção mobilizada.[9] Claro que nessa mobilização se inclui a análise de fatores que influem diretamente sobre nossa atividade consciente, como, por exemplo, a necessidade de escolha, a incerteza, as sugestões, o risco e a tomada de decisão diante do excesso de informações, produtos e serviços na Internet. Tudo isso põe em jogo elementos subjetivos, como as crenças e preferências de cada indivíduo. Mas um dos primeiros aspectos que permitem relacionar essa nova economia com as tecnologias e meios de comunicação é, sem dúvida, o crescente investimento na interatividade. Ela é um fator-chave que prende a atenção das pessoas.

TELESPECTADOR OU INTERNAUTA?

O crescimento dos níveis de interatividade que a TV convencional vem oferecendo ao público nos últimos

---

[9] Ver Thomas Davenport e John Beck, *A Economia da Atenção* (São Paulo: Campus, 2001), e Lévy, op. cit.

anos é visível. Ela parece, finalmente, ter decidido se aproximar da audiência, dando oportunidade ao telespectador de manifestar sua opinião por telefone, fax ou Internet em vários programas. No entanto, só há pouco tempo a parceria com a rede mundial de computadores se consolidou e ganhou a adesão da maioria das emissoras. Enquanto aguardam a tecnologia para TV digital amadurecer por aqui (tecnologia que na Europa já é realidade), elas têm encontrado na Internet um excelente canal de retorno para sua programação.

Até recentemente, as companhias de mídia tradicional rejeitavam a idéia de conduzir os telespectadores para a rede, pois temiam que esse desvio fosse canibalizar os índices de audiência. Mas elas rapidamente entenderam que a interação através da Internet, sobretudo de comunidades *on-line*, pode ajudar a desenvolver novos modelos de acompanhamento de conteúdo e de programação comercial. Testes de convergência da mídia tradicional e da mídia interativa comprovam que as pessoas estão usando a Internet como extensão de sua experiência costumeira com a programação televisiva.[10]

JOGOS

Uma boa prova disso é o crescimento dos jogos que, apesar de usarem, em sua maioria, apenas a interface televisiva, pouco a pouco vão se mostrando fortes candidatos a veiculação simultânea pela Internet. O caso exemplar é o do programa americano *Who Wants to Be a Millionaire*, do canal ABC (da Disney), que tem no

[10] Fonte: Yankee Group, 2000. www.yankeegroup.com

Show do Milhão, do SBT, seu similar brasileiro no formato, com algumas pequenas modificações. Tanto num quanto noutro, as perguntas colocadas aos candidatos são dispostas em meio quadro da tela, para que possamos lê-las e participar do programa. No caso americano, a iniciativa se estendeu à Internet, onde é possível interagir com a apresentação do show, ao vivo, respondendo às questões através do site da emissora.[11] Nesse caso, é apenas virtual o "milhão" do internauta vencedor, mas este pode ser selecionado para integrar posteriormente um programa real. No primeiro mês de lançamento do site da ABC Television, houve mais de 3 milhões de acessos, e o público total chegou a 7,5 milhões.[12] Além disso, a página da ABC disponibilizava espaço para fóruns e votações.

Na Inglaterra, já é possível participar desse tipo de evento diretamente através da televisão digital interativa, sobre a qual falaremos com mais detalhes adiante. No Brasil, até o momento, a única iniciativa em paralelo, da emissora SBT, foi o lançamento de um CD-ROM com as perguntas do *Show*. Com uma venda surpreendente, ele confirmou que a convergência da TV com mídias interativas pode fazer parte da experiência cotidiana dos telespectadores.

Um exemplo diferente, mas bem conhecido, de jogo na televisão foi o desenho *Hugo*, apresentado na França no início dos anos 90, e posteriormente no Brasil pela emissora CNT, com sua interface de *videogame*, em que o telenauta controlava a ação da personagem pelo teclado telefônico. Desenho semelhante era o *Garganta&Torcicolo*, veiculado pela MTV.

---

[11] www.abc.go.com/primetime/millionaire

[12] Fonte: Yankee Group, 2000. www.yankeegroup.com

A interação em ambos era bem resolvida, já que mesmo aqueles que apenas assistiam ao desenrolar do jogo literalmente acompanhavam o telenauta sorteado em seus movimentos reais. Dessa forma, todos se tornavam, de alguma maneira, as próprias personagens em suas ações na TV. É evidente que o futuro desses jogos está intimamente associado à evolução da televisão digital interativa, com a perspectiva, até, da exploração de modelos multiusuários. Por enquanto, isso está acontecendo mais na Europa do que entre nós.

REALITY SHOWS

O que dizer dos exemplos que encontramos atualmente na chamada *reality television,* ou *reality shows*? Os mais famosos são os programas nos formatos *Big Brother*[13] e *Survivor,*[14] que apelam sobretudo para o voyeurismo, mas também para a participação dos telespectadores. No caso do *Big Brother*, há a votação sobre os integrantes que devem sair do programa; e, no caso de *Survivor*, quando não se tem Internet, fica-se apenas torcendo por alguém ao longo de provas mirabolantes. Para ter uma idéia da repercussão desses programas nos Estados Unidos, o site da AOL que hospedava o *Big Brother 2000* teve 5,4 milhões de visitantes em julho daquele ano, contra 5,7 milhões do famoso site de música Napster no mesmo mês. Registraram-se mais de 30 mil mensagens e 95 mil votos. Já o primeiro *Survivor* mobilizou mais de

---

[13] Exibido pela primeira vez em 1999 na Holanda, foi popularizado pela emissora britânica Channel Four e hoje está presente em mais de 20 países.

[14] Da emissora americana CBS, presente também em vários países.

15 milhões de visitantes no site da CBS, e esse número dobrou no último mês do programa. O site oferecia o recurso interativo da votação, vídeos dos bastidores do programa e resumo dos episódios anteriores.[15]

Os equivalentes respectivos no Brasil são *A Casa dos Artistas*, do SBT, e *Big Brother* e *No Limite*, da Globo. Os *reality shows* constituem uma espécie de gênero híbrido, reunindo um pouco de tudo: disputas e intrigas de telenovela; diálogos de salas de bate-papo; voyeurismo e exibicionismo de webcams pela Internet; criação de mundos fantasiosos como nos jogos multiusuários na rede (os MUD); bastidores de fofocas de revistas sensacionalistas; e, não esqueçamos, fama e dinheiro. Para os telespectadores, a experiência de acompanhar pessoas forçadas a expressar em meio a uma série de conflitos sua personalidade, digamos, mais autêntica parece desempenhar papel de forte estimulante do voyeurismo. Os índices têm comprovado, em todo o mundo, que a captação da atenção dos telespectadores num *reality show* é extremamente elevada.[16]

Enquanto as telenovelas tradicionais são estabelecidamente ficções que retratam a realidade, nos *reality shows* o que está em jogo é, evidentemente, a própria realidade, agora feita espetáculo! E, como todo show, o interessante é que ele seja *ao vivo*. Um dos aspectos que mais mobiliza o telespectador nesse caso é, claro está, o fato de a transmissão ser ao vivo, direta,

---

[15] Fonte: Yankee Group, 2000. www.yankeegroup.com

[16] O Ibope chegou a dar para *A Casa dos Artistas* e também para o primeiro *No Limite* mais de 50 pontos de pico em São Paulo. Em algumas votações de *A Casa dos Artistas*, a Embratel teve suas linhas congestionadas, e a segunda edição do programa teve participação na Internet de mais de 4 milhões de telespectadores nas três primeiras semanas. Fatos como esses costumam ocorrer mesmo com simples pesquisas de opinião lançadas pelas emissoras.

algo do tipo "aqui e agora!", sem grandes truques de montagem ou de pós-produção. É óbvio que ainda se trata de televisão e que a linguagem convencional dessa mídia está muito enraizada entre seus produtores. Mas, embora seja difícil transformá-la, os *reality shows* não deixam de ser uma tentativa de mudança.

Essa ânsia por estar em contato direto é algo típico das promessas da Internet. Num videogame multiusuários, por exemplo, quando entramos num site para jogar ou quando acionamos nosso console, queremos começar na hora, de imediato. Queremos entrar e estar no jogo naquele exato momento, sem intermediações desnecessárias, sem retrospectos ou replays. Também nos chats, ao entrar numa sala, ninguém quer saber dos "melhores momentos" do bate-papo para poder conversar. O chat é sinônimo de estar *on-line*, e as pessoas querem que aquilo esteja acontecendo naquele momento, que seja direto. É o que fez o sucesso, por exemplo, das webcams pelo mundo afora.

A pioneira foi Jennifer Ringley, uma internauta que, em 1996, resolveu instalar câmeras ligadas à Web em seu apartamento, em Washington, despertando a curiosidade de todo o mundo (www.jennicam.org). Outro exemplo recente é o do Parlamento inglês, que permite aos internautas espiarem suas sessões permanentemente, por webcams, no site Parliamentlive.gov.uk. É possível encontrar, por exemplo, no site Comfim.fr, um catálogo com mais de 2.300 webcams espalhadas por todos os continentes, mostrando ao vivo as mais variadas situações, como animais num zôo, bares, praias, florestas, estádios, museus, tráfego, cidades e, claro, pessoas que querem se mostrar como espetáculo.

Essa força extraordinária do estar *on-line*, do estar em contato imediato com o que acontece, é a base do que mobiliza a atenção dos telespectadores nos *reality shows*. Vários outros programas televisivos também fazem uso de jogos e de situações ao vivo, dos mais variados tipos, deixando claro que a demanda por participação e interação através da televisão vem crescendo conforme o apelo exercido pela expansão da Internet.

ESCOLHENDO UM FILME

Outra maneira de participar de um programa televisivo é escolher entre duas ou mais opções oferecidas à audiência pelo apresentador ou pela própria emissora. É o caso, por exemplo, do *Intercine*, da Rede Globo, e do *TV Escolha*, da RedeTV!, em que o espectador opta entre dois filmes possíveis. Há também o exemplo do antigo *Você Decide*, no qual o público escolhia entre dois finais de um episódio de folhetim. Esse programa conseguia mobilizar, normalmente, entre 80 mil e 100 mil votos por telefone a cada episódio.

No *TV Escolha*, há um artifício digno de nota. Na tentativa de atrair a audiência, convidou-se para o papel de apresentador o crítico de cinema Rubens Ewald Filho, que empresta ao programa sua *expertise* e respeitabilidade. Esse gancho do *TV Escolha* é semelhante aos serviços de sugestões que encontramos em muitos sites na rede. De fato, o mecanismo da sugestão está entre os mais importantes que a Internet popularizou. Dado que o ciberespaço possui uma oferta incontável de informações, serviços e produtos, uma das maneiras mais eficientes de driblar a angústia da escolha é dispor de uma boa sugestão. Como o importante é contar com elementos confiáveis para apoiar nossas decisões, nada melhor que um bom crítico de cinema, no caso do *TV Escolha*, para nos ajudar na tarefa. Isso já não é verdade no *Intercine*, que simplesmente apresenta as opções de filmes e pede que o telespectador faça sua escolha.

A escolha entre filmes envolve um aspecto do imaginário coletivo que as grandes empresas de tecnologia procuram explorar. Muitos antevêem um futuro digital em que milhares de produtos e serviços poderão chegar a nossa residência através de um simples toque no controle remoto ou de um clique no mouse. Programas televisivos que nos dão a opção de escolher entre dois ou mais filmes, e que serão exibidos em alguns minutos, passam a idéia de que um dia centenas deles estarão disponíveis para serem vistos a qualquer momento. É o que chamam VOD, ou *video on demand* ("vídeo a pedido"). Não que isso seja impossível ou utópico (como realização tecnológica, justamente não o é).[17] Mas há aqui certa ilusão sobre os hábitos televisivos e sobre o próprio futuro evolutivo da TV. Será que as pessoas assistem a tantos filmes que isso justifique um empreendimento desse porte? Além disso, será que o futuro da TV digital interativa é ser simplesmente um depósito infinito de filmes? Haverá algum especialista de plantão disposto a nos ajudar?

VOTAR, OPINAR, PERGUNTAR: A PERCEPÇÃO DE COMUNIDADE

Finalmente, é possível estabelecer interação com a audiência pela abertura direta às perguntas e opiniões

---

[17] Mesmo que uma tentativa da Time Warner, na cidade de Orlando, tenha fracassado em 1995, por motivos culturais e, sobretudo, tecnológicos. Cf. Wilson Dizard Jr., *A Nova Mídia* (Rio de Janeiro: Zahar, 2001).

por fax, telefone e Internet, tanto quanto por votação. Os programas da Rede Cultura exploram bastante essa interatividade: *Vitrine* (dedicado à cultura digital), *Opinião Nacional*, *Roda Viva* e *Matéria Pública*, entre outros, estimulam o público a participar durante a transmissão ao vivo. A MTV também é um bom exemplo de convergência de ferramentas interativas, com uma programação quase inteiramente voltada para convocar a participação do público. O voto, por sua vez, tem sido muito utilizado em transmissões esportivas. Em todos esses casos, o telespectador participa do programa com opiniões, comentários e perguntas.

Não se deve imaginar que o objetivo das emissoras com tal interação seja alcançar um retorno extraordinário em números. O apelo à participação através da TV é, muito mais, algo que serve a construção de uma percepção de comunidade junto à audiência. Afinal, cada pessoa tem sua maneira preferida de participar; algumas sentem-se bem apenas assistindo ou acompanhando um evento, enquanto outras ficam impelidas a perguntar, votar ou mesmo colaborar de outras maneiras, enviando material, disponibilizando informações etc. Seria uma ilusão, portanto, imaginar que todos que assistem a um programa televisivo desejariam mandar uma pergunta ou oferecer uma informação qualquer. Mesmo na Internet, que é conhecida por suas possibilidades interativas, os participantes ativos de fóruns representam não mais que 10% da audiência; os outros 90% passam seu tempo apenas acompanhando as discussões.[18] O crucial, no entanto, é que esses 90% sentem-se plenamente incluídos na comunidade! Os 10%, por sua vez, não se

---

[18] Fonte: www.participate.com

incomodam nem um pouco com o fato de que sua discussão esteja sendo vista por uma audiência virtual. Isso se passa também com as salas de bate-papo.

No caso da televisão, é possível estabelecer uma comunicação bidirecional com os programas, através das perguntas e opiniões enviadas. Mas isso não parece ser o mais interessante para as pessoas, pois elas sabem que as emissoras não têm condições operacionais de responder a todos. O que parece atraente, do ponto de vista da audiência, é que, no momento em que os telespectadores se envolvem com as perguntas e comentários que chegam de toda parte, e também com as votações nos *reality shows* e escolhas de filmes, eles são induzidos a uma percepção de comunidade, na qual se inserem. Dessa forma, têm conhecimento sobre o que outros desejam, admiram, preferem, construindo assim uma *sensação* de comunidade, de pertença, de grupo, sem necessariamente estar em relação direta com outras pessoas. O artifício da interação por TV acaba gerando, como conseqüência, uma espécie de comunicação lateral, que, mesmo não tendo o poder da Internet (que é multilateral), colabora para que as pessoas se percebam em comunidade. E esse é um ponto essencial para captar a atenção de uma audiência.

A TELEVISÃO DIGITAL INTERATIVA

Claro que o canal de retorno ideal para dar conta de todo o potencial de interatividade da televisão é o próprio aparelho televisivo. É isso que vem acontecendo atualmente na Europa, que concentra 70% do mercado mundial de TV digital interativa (também chamada iTV). Em todo o mundo, já são mais de 50 milhões de residências com decodificadores especiais para receber transmissões digitais, também chamados de *set-top boxes* (STB).[19]

Os recursos digitais disponíveis atualmente nos colocam diante de outra televisão, que nos oferece vários serviços, é dotada de dispositivos inteligentes e nos permite interagir com programas e nos comunicar com outras pessoas. Tudo isso através apenas do controle remoto. Resumidamente, há três modos básicos de entender as possibilidades dessa nova tecnologia. O primeiro chama-se *enhanced TV*, que nada mais é do que poder obter informações adicionais a respeito de qualquer programa. Na tela da TV, surge um ícone específico, avisando que o programa que está sendo assistido possui níveis de interatividade. Assim, pressionando o controle remoto, é possível acessar mais dados sobre o tema ou assunto de que tratam documentários, noticiários, shows, programas de variedades ou até mesmo novelas.

O segundo recurso a ser explorado nessa nova TV são os chamados canais virtuais, ou simplesmente serviços. Neles já é possível encontrar notícias, comércio eletrônico (chamado *e-commerce*), *home banking*, meteorologia, tráfego e jogos, por exemplo. São serviços de dados atualizados em tempo real, disponíveis no televisor, que podem ser consultados durante as 24 horas do dia. O futuro desses canais virtuais, que são interativos, é se multiplicarem como os sites na Internet, com a diferença de que na TV é preciso pagar à operadora para usufruir o direito de veiculação desses serviços. Mas eles vão proliferar, e encontraremos canais veiculando informações de muitas revistas, jornais, empresas, veículos educativos ou publicitários etc.

---

[19] Fonte: www.digitaltelevision.com

Por fim, há os recursos de comunicação oferecidos pela iTV. Basicamente, são e-mail, chat e comunicador instantâneo, além da possibilidade de votar em programas ao vivo. No ano passado, a operadora inglesa BSkyB contabilizou mais de 1 milhão de e-mails enviados através de seu serviço de iTV. Mesmo sendo uma operadora de televisão, ela já é o quarto maior provedor em número de assinantes do Reino Unido. A aceitação dos serviços de comunicação por parte do público surpreendeu os promotores da iTV. O comunicador instantâneo, por exemplo, permite detectar que pessoas amigas estão naquele momento com a televisão ligada, o que incentiva a audiência em conjunto de grupos dispersos. Os chats, por sua vez, têm funcionado muito em jogos transmitidos ao vivo, bem como em outros eventos, como shows e entrevistas.

Com isso, a iTV acaba atendendo a algo que a TV convencional apenas começou a perceber: o crescimento da demanda por comunicação multilateral. O que a TV digital interativa na Europa está nos ensinando é que as pessoas querem formar suas comunidades, e as mídias, com seu conteúdo, podem ser um ótimo meio para isso. Um veículo de comunicação.

O MUNDO A UM CLIQUE: O EXCESSO, A ESCOLHA E A INCERTEZA

A manipulação de dados, imagens e sons, as conexões com todos os cantos do planeta pela Web, a formação das comunidades virtuais, as oportunidades de protestos e defesa de direitos e o convite às mais variadas formas de participação são prova de que o dia-a-dia está fadado a mudar, acompanhando a ruidosa digitalização em curso. Na esteira dos acontecimentos, boa parte do imaginário tecnológico de hoje tem se alimentado do ideal da oferta infinita. É o sonho de um mundo de produtos, informações e serviços inteiramente acessível *on demand*, em qualquer tela ou visor ao alcance das mãos. O mundo a um clique.

São famosos os casos de pessoas que foram escolhidas por empresas para ficarem dentro de uma casa vazia e viverem por certo período apenas com pedidos pela Internet. O culto a essa imagem de fonte inesgotável está diretamente associado à capacidade, em princípio ilimitada, dos bancos de dados mundo afora. Basta dar uma olhada no site The Internet Archive (www.archive.org), uma espécie de cemitério de dados digitais em que estão guardadas todas as páginas publicadas na Web desde o nascimento da rede. Ele seria como o "site dos sites", ou o computador que contém todos os outros, um lugar onde se pode navegar no passado da Internet. Tamanha promessa de potência deveria mesmo resultar em sonhos de acesso a tudo, de qualquer lugar e por qualquer um que esteja *on-line*.

Apesar de alguns autores acreditarem que meios sofisticados de orientação se fazem necessários nesse labirinto de dados, imagens e sons em que a Internet se transformou tão rapidamente, não se pode deixar de sentir que certa angústia, envolta em desconfiança, tem tomado conta dos freqüentadores da Web.[20] Essa angústia se deve, em parte, ao excesso de ofertas e às dificuldades nos processos de escolha, o que implica algum grau de risco e incerteza na tomada de decisões. Diante

---

[20] Entre esses autores, poderíamos mencionar, por exemplo, Steven Johnson, Howard Rheingold, Pierre Lévy e Roy Ascott.

da estreita relação entre o mundo digital e o dilema criado pelo "acesso ao excesso", é muito claro que estamos vivendo uma situação em que a idéia de *escolha* é peça fundamental de um jogo que envolve não apenas a participação de milhões de pessoas, mas também a aposta de milhões de dólares.[21] Num mundo marcado pelo capital, é possível pressentir que nossa cultura digital já estaria grávida das formas futuras de consumo que acabaremos por praticar.

Há, por um lado, um investimento muito forte na associação entre a noção de escolha individual, a satisfação pessoal e o volume de ofertas. Inúmeros negócios na rede, por exemplo, constroem sua imagem acreditando que a quantidade de itens ofertados é uma garantia de que a percepção do consumidor será atraída pela liberdade e facilidade de escolha. Quer seja um site de livros, de CDs ou de notícias, quer seja um portal de múltiplos serviços, a idéia básica que orientou vários negócios na Web até o momento é a de que o leque de produtos faz diferença na hora da decisão.

Ao mesmo tempo, as facilidades da tecnologia digital deram início a uma espécie de "corrida do ouro", mais conhecida como customização e/ou personalização de serviços e produtos segundo o perfil de usuários/clientes. Isso significa tomar a economia de consumo pela outra ponta, oferecendo exatamente aquilo que possa atender da melhor maneira possível ao gosto de alguém. É a multiplicação dos sites com recursos do tipo "monte o produto segundo suas preferências", "personalize sua página de entrada" etc.

---

[21] Num artigo recente, o economista e filósofo Paulo Vaz trata das implicações do "acesso ao excesso" e de outros aspectos que envolvem a mediação na internet. Cf. Paulo Vaz, "Mediação e Tecnologia", em: *Mídia, Cultura e Tecnologia* (Porto Alegre: Revista Famecos, 16, 2002).

Acredita-se que, conhecendo o perfil do consumidor, ele possa ser atraído com produtos que atendam exatamente ao que deseja. Outros apostam que é possível até se antecipar a esse desejo.

As duas abordagens têm exemplos de sucesso e também de fracasso. Nesse último caso, a razão está nos muitos consumidores que se sentem perdidos diante do excesso de ofertas, ficam inseguros e desistem de uma busca ou de uma compra. Outros são tomados pela incerteza da escolha, pelo risco de escolherem errado e pela dúvida: "Será que a opção por algum outro produto não teria sido melhor?" Por outro lado, há aqueles que não podem nem ouvir falar em personalização ou produtos customizados. Eles temem perder contato com a chance, com a ocasião única, com a oportunidade inesperada – enfim, não suportam a idéia da ausência de acaso.

Mas por que acreditamos, afinal, que um grande volume de ofertas de produtos e serviços corresponderia a um maior grau de liberdade para a tomada de decisão, quando de fato nos sentimos angustiados ante o excesso de opções? Ninguém duvida de que duas ou três opções podem nos deixar ainda com fome, mas é certo que 50 mil nos causam indigestão! Será que um dia assistiremos aos 5 mil títulos de filmes disponíveis em nossa locadora? E quem gostaria de encontrar no mesmo local apenas cinco ou seis títulos? Ou encontrar aqueles poucos que correspondem a seu perfil, quando milhares de outros filmes estariam escondidos?

Parece que se chegou a um ponto de conversão, em que as pessoas experimentam o limite do sonho da sociedade de consumo do século 20, quando a oferta era algo fundamental mas nunca se teve a experiência do excesso. Digamos que o horizonte de oferta era palpável. Com o ciberespaço, pela primeira vez se passou a compreender o que é exatamente estar diante de milhões de dados a nosso dispor, e, assim, entendeu-se quão paradoxal é essa situação. Os primeiros sinais de como se poderá lidar com isso chegam do próprio ciberespaço. De forma lenta mas constante, está se construindo um novo modo de relação com a escolha: através dos sofisticados mecanismos de sugestão, que fazem a decisão dos indivíduos pender para determinado produto ou serviço.

A cultura digital é a cultura dos filtros, da seleção, das sugestões e dos comentários. Os mecanismos de busca de última geração, os agentes inteligentes e as comunidades virtuais seriam estratégias que visam poupar os usuários do martírio da opção entre uma miríade de possibilidades. No confronto com o excesso, nasce a percepção de que as escolhas se orientam de modo muito mais complexo do que uma decisão simples e objetiva entre uma coisa ou outra. Em meio a esse processo, mais uma vez, encontra-se o problema de como captar a atenção das pessoas, como participar de sua tomada de decisão e com que artifícios. Essa seria, sem dúvida, uma das razões pelas quais a economia digital estaria sendo tratada atualmente como *economia da atenção*.

2. O DILÚVIO DE INFORMAÇÕES

PROCURANDO UMA AGULHA NO PALHEIRO

Um dos grandes desafios atuais dos promotores da Internet tem sido apresentar soluções para convencer os usuários de que estes podem encontrar o que buscam em meio ao excesso de informação. Todos os que se utilizam da Internet, para trabalhar, estudar ou passar o tempo, sabem muito bem o que significa procurar um serviço ou um dado qualquer através de um mecanismo de busca. Diante de uma quantidade quase sempre enorme de respostas, pode-se perder tempo precioso à cata de algum resultado que pareça mais pertinente. Por outro lado, sem o recurso desses buscadores ou de algo equivalente, seria praticamente impossível achar alguma coisa na rede, já que o internauta se veria literalmente enredado numa malha de links.[22] É nesse sentido que Steven

[22] No site www.cyberatlas.com, é possível acompanhar as diversas experiências de mapeamento dos links da Internet.

Johnson fala da crescente necessidade dos filtros de informação, pois o excesso de dados requer tradutores, intérpretes e mediadores dos mais variados gêneros. Daí o fato de a Internet ser, na visão de Johnson, "o planeta nativo dos filtros de informação". "Informação digital sem filtro", acrescenta ele, "seria coisa que não existe."[23] Verdadeiros guias da informação, auxiliando na seleção daquilo que mais possa interessar aos usuários, os mecanismos de busca funcionariam então como uma espécie de antídoto para o volume crescente de dados, uma tentativa de subjugar toda a complexidade prolífica da rede e dar-lhe coerência.

A preocupação com o excesso de informação não é recente. O cientista americano Vannevar Bush, autor do ensaio "As We May Think" e um dos inspiradores do hipertexto, já prenunciava a metáfora da "explosão da informação" em 1945.[24] Outro escritor americano, Alvin Toffler, acabou popularizando a expressão em seu livro *O Choque do Futuro*, um *best-seller* de 1970 sobre os efeitos das mudanças tecnológicas na vida dos homens. Essa idéia foi ganhando sentido à medida que nos demos conta de que a informação é produzida mais rapidamente do que podemos assimilá-la; e isso é verdadeiro não apenas para a Internet, mas também para o conjunto dos meios de comunicação a nosso redor: imprensa, rádio, TV, cinema. Como nota um profundo conhecedor da Internet, o escritor americano Mark Stefik, num belo capítulo de seu livro *The Internet Edge*, "o que transparece de fato para todos nós é a dificuldade cada vez maior de atribuir sentido ao fluxo de notícias, dados, informes e imagens

---

[23] Johnson, op. cit.

[24] www.theatlantic.com/unbound/flashbks/computer/bushf.htm

que nos chega. O problema, no fundo, não é tanto haver muitas informações, mas sim conseguir descobrir quais seriam relevantes para nossos interesses, já que somos massacrados constantemente com informações inúteis ou irrelevantes".[25]

Nesse sentido, é curioso que a capacidade ilimitada de abrigar as páginas pessoais de todos os internautas tenha servido como poderoso meio de divulgação do ciberespaço, o que lhe valeu até a fama de ser autêntico promotor da liberdade de expressão (contra a unilateralidade autoritária das mídias de massa). A despeito desse fato – de que a Internet realmente serve como meio para qualquer um publicar o que bem desejar –, fica a pergunta de como seria possível alguém ser encontrado, casualmente, em meio ao oceano de páginas da Web. Como posso saber que uma página publicada por alguém, em algum canto do mundo, guarda informações que poderiam eventualmente me interessar?

Além disso, se hoje é relativamente fácil e barato colocar no ar uma página na Internet, o mesmo não se pode dizer do esforço e do investimento necessários para que se possa captar a atenção das pessoas para a página em questão. Isso vale também para os negócios na rede, onde as maiores dificuldades continuam sendo atrair os clientes em potencial, mensurar o grau de sua atenção ao conteúdo do site e estabelecer o melhor ritmo de atualização desse conteúdo. Em todo caso, tanto para quem busca quanto para quem oferece, o excesso de dados no ciberespaço coloca desafios à vida dos usuários.

Além do excesso de informações, outro problema crônico que os mecanismos de busca enfrentam na rede,

---

[25] Mark Stefik, "Focusing the Light: Making Sense in the Information Explosion". Em: *The Internet Edge*. Cambridge (Mass.): MIT Press, 1999.

como nos lembra Stefik, é que os próprios documentos, em meio a sua proliferação, são também constantemente modificados, deslocados sem nenhuma regra, apagados sem que sua referência o seja.[26] Muitos links não levam a lugar algum, ou levam a outro lugar sem relação nenhuma com o que fora indicado. Isso acaba por deixar o internauta ainda mais inseguro em relação aos resultados obtidos em suas pesquisas.

FOME OU INDIGESTÃO?

Lembremos que há dois modos básicos de encontrar artigos relevantes na Internet: através dos serviços de busca por palavras-chave, ou através das páginas de links organizados por temas (os chamados diretórios). Em geral, os grandes portais de busca (como é o caso do Yahoo!, do Cadê? e do Altavista) disponibilizam os dois modos de busca. Podemos procurar diretamente o que desejamos através de uma palavra-chave, ou então, o que em muitos casos é mais rápido e prático, seguir as indicações fornecidas pelos diretórios.

No que se refere às buscas por palavras-chave, dois problemas se colocam de modo muito evidente. O primeiro diz respeito ao vaivém do número de respostas obtidas, pois, dependendo da amplitude de nossa questão, podemos chegar a um número muito grande ou muito pequeno de resultados. Essa oscilação acaba nos deixando sempre entre dois pólos: ou a fome, ou a indigestão. Mas, dentro desse primeiro problema, há ainda um segundo, que é saber se os documentos ob-

---

[26] Stefik, op. cit.

tidos são relevantes (questão de precisão da busca) e se todos os documentos relevantes foram encontrados (questão de *recall* da busca). É claro que uma pergunta ampla afoga o usuário numa enchente de resultados não-relevantes. Diminuindo a amplitude da pergunta, conseguimos reduzir o número de resultados e ganhar em precisão. Mas, dessa forma, acabamos sofrendo um efeito contrário, pois sacrificamos o *recall*, já que, com um número menor de resultados, muitos documentos relevantes não serão recuperados. Outro problema, nos alerta Stefik, é "um desencontro entre o vocabulário da pergunta e o vocabulário dos documentos". Essas são algumas das razões pelas quais os mecanismos tradicionais de que dispomos ainda deixam a desejar.

É importante ressaltar que esse problema da fome/indigestão interessa mais a alguns pesquisadores do que a outros. O internauta casual, por exemplo, pode estar satisfeito com alguns documentos relevantes encontrados, mas muitos profissionais se vêem diante da árdua tarefa de construir as perguntas adequadas para encontrar as informações raras de que necessitam. Algumas vezes, até que comecem a busca, não está claro se estão procurando uma agulha no palheiro ou algo que nem sequer estaria disponível. Esses profissionais são os analistas de negócios, os advogados, os especialistas em informação em arquivos e bibliotecas, os analistas políticos, os jornalistas, os estudantes e os professores, entre outros. Hoje, é preciso lembrar, mais de 60% dos profissionais de nossa sociedade passam mais de um terço de seu tempo extraindo, compreendendo, transformando e comunicando informações.[27]

---

[27] Fonte: www.trivium.fr.

CONTEXTO E SENTIDO

Com essa demanda crescente por informações relevantes, uma nova geração de instrumentos de busca foi desenvolvida – e continua ainda sendo aprimorada.[28] Tal desenvolvimento teve seu impulso com a reformulação do problema: o foco principal dos mecanismos de busca deixou de ser a recuperação de documentos unicamente com base em sua indexação *a priori* e passou a ser o auxílio ao usuário na *produção de sentido* da informação recuperada. De fato, a tendência mais freqüente daqueles que procuravam orientar as pessoas no espaço da informação consistia em tentar pré-formatar o sentido dos documentos (classificando-os *a priori*, como no caso das bibliotecas).

No entanto, como bem ressalta o matemático e sociólogo francês Michel Authier, "o sentido de um documento está menos nele próprio do que nas pessoas que o consultam".[29] Quem poderia supor, por exemplo, que um texto sobre tecnologias para automação de processos pudesse interessar numa pesquisa sobre a profissão de secretária executiva? Ou o que fazer no caso em que um texto sobre "Internet", classificado como técnico, por exemplo, contenha informações importantes para quem investiga aspectos

---

[28] A respeito dos mecanismos de busca e de sua evolução, pode-se consultar www.searchenginewatch.com e www.deafblind.com. Os mais conhecidos por sua performance são www.google.com, www.copernic.com e www.metacrawler.com. Há também um mecanismo de busca que serve especificamente as mulheres: www.wwwomen.com

[29] Michel Authier é conhecido por seus trabalhos filosóficos com Pierre Lévy e também por seus estudos matemáticos, sobretudo a invenção do algoritmo do mecanismo de busca por proximidade chamado Umap. Ver referências: www.trivium.fr e www.ddic.com.br

da comunicação de massa? Em outras palavras, os vários sentidos de um documento escapam em geral a sua classificação, qualquer que seja ela. Daí a afirmação de que essa diversidade de sentidos viria sobretudo dos interesses de quem consulta o documento.

Então, como seria possível ajudar ainda mais aqueles que fazem suas buscas na rede? Como descobrir referências que preencham de algum modo suas expectativas? Em resposta a essas indagações, um dos caminhos propostos, com a evolução dos mecanismos de busca, é acrescentar, de várias maneiras e segundo metodologias diversas, um pouco de *contexto* aos resultados de uma pesquisa. É o que procura fazer, por exemplo, a ferramenta de busca Google, uma das mais poderosas da atualidade. A cada consulta feita pelo usuário, o Google relaciona as páginas recuperadas por ordem de citações recebidas, de modo que os resultados obtidos traduzem não apenas uma resposta à busca desejada, mas também o grau de popularidade dos sites encontrados. Isso quer dizer que o funcionamento do Google acrescenta um contexto aos resultados da busca, o que vai além da pesquisa solicitada originariamente. Dessa forma, o usuário dispõe de um dado adicional que o ajuda na escolha entre os documentos recuperados.[30]

Outro exemplo interessante seria o do software Umap, cujo poder de busca por proximidade temática se estende da Internet ao próprio computador ou intranet dos usuários, mapeando mensagens do Outlook e documentos do Word, dentre vários outros tipos de arquivo. Ao final da busca, os documentos

---

[30] No próprio site www.google.com.br, encontra-se uma explanação sobre o modo de funcionamento de Google.

encontrados são apresentados conforme seu grau de proximidade com a chave de pesquisa, dando ao usuário a chance de avaliar a *relação entre os conteúdos* dos resultados obtidos.

Tais recursos, tanto do Umap quanto do Google, visam oferecer ao usuário instrumentos que o auxiliem na produção de sentido e conhecimento com base nas informações consultadas.[31] Mas o ideal não seria que os mecanismos de busca deixassem de apresentar simplesmente os resultados encontrados (mesmo que acrescentando outras informaçõe interessantes) e passassem a apresentar autênticas *sugestões* aos usuários? Não seria interessante se essas ferramentas de busca pudessem *entender* seu usuário, tal como, por exemplo, uma secretária entende os diretores de sua empresa ou uma bibliotecária entende os freqüentadores assíduos de sua biblioteca?

OS AGENTES INTELIGENTES (VOCÊ ACEITARIA UMA SUGESTÃO?)

É aqui que surgem o interesse e a importância dos agentes inteligentes e das sofisticadas técnicas de "sugestão", que estão ganhando terreno na Internet e cujo destino é invadir todas as telas, terminais e visores que povoam nosso cotidiano. Os agentes inteligentes são, na verdade, facilitadores invisíveis, softwares que cada

[31] Outro exemplo conhecido é o software do professor Don Foster que compara textos e desvenda mistérios sobre seus autores. Ver Don Foster, *Author Unknown: on the Trail of Anonymous* (New York: Henry Holt & Company, 2000). Uma descrição do funcionamento desse software encontra-se em Steven Johnson, "Texto", em: *Cultura da Interface*, op. cit.

vez mais estarão presentes nas vidas das pessoas, desempenhando o papel do assistente que assume as tarefas repetitivas, trazendo avisos ou sugestões sobre algo que aguardam ou de que gostam. Eles também são conhecidos como *knowbots*, numa alusão a *robots*, significando mecanismos inteligentes.[32] Afora o que já fazem, e que será analisado em seguida, esses pequenos seres serão os responsáveis diretos por uma nova variedade de hábito que começa a florescer: a interação dos indivíduos com as coisas a sua volta, a percepção dos objetos do mundo a seu redor como dotados de "inteligência". É assim que automóveis, eletrodomésticos, aparelhos eletrônicos e quem sabe o que mais estão sendo dotados, sorrateiramente, de dispositivos computacionais que lhes permitirão agir de modo aparentemente inteligente.

Sem dúvida, essa inteligência depende e dependerá em muito da própria disposição dos indivíduos de instruírem tais dispositivos. Acontece que os programadores dos agentes contam, de algum modo, com o fato de que nós, seres humanos, alimentamos expectativas quando instruímos alguém. De fato, quando explicamos alguma coisa a um colega de trabalho recém-contratado, por exemplo, temos a expectativa de que, em algum momento, ele começará a andar com as próprias pernas. Em outras palavras, esperamos que tenha um comportamento inteligente e não fique nos perguntando sobre tudo, a todo momento. Guardadas as devidas proporções, é esse mesmo gênero de atitude que se espera induzir nas pessoas: elas vão perder algum tempo instruindo um

---

[32] Jeffrey Bradshaw nos apresenta uma bela introdução aos *knowbots*, ou agentes inteligentes, em seu livro *Software Agents* (Cambridge, Mass.: MIT Press, 1997).

software, na esperança de que ele possa tomar decisões por conta própria a partir de algum momento – decisões que atendam, de algum modo, aos interesses de seus instrutores. Fica uma pergunta no ar: qual o nível de confiança que as pessoas irão depositar em máquinas que poderão "decidir" ou "fazer" coisas no lugar delas (e, muitas vezes, sem seu consentimento explícito)?

Um exemplo do que está sendo dito é o da TV digital interativa. A OpenTV, empresa-líder no mercado mundial, desenvolveu um pequeno agente inteligente que é capaz de traçar a *silhueta* de uma pessoa através de sua ação cotidiana sobre o controle remoto.[33] Nesse caso, a ação pura e simples do telespectador junto ao televisor basta para "instruir" o agente na construção de sua silhueta. Ele atua registrando e associando várias coisas automaticamente: os momentos em que a pessoa assiste à TV, os programas que ela vê e, o mais importante, o ritmo de mudança de canais. De posse desses dados, o agente consegue estabelecer, para uma família usual (quatro ou cinco pessoas), os hábitos televisivos dos homens adultos, das mulheres adultas e das crianças. Com o tempo, ele consegue reconhecer cada um no momento mesmo em que liga a TV, e pode assim lhe oferecer alguma sugestão, como, por exemplo, sintonizar diretamente o canal ou o programa

---

[33] "Silhueta", aqui, difere de "perfil", na medida em que esse último é elaborado com dados fornecidos voluntariamente por um usuário que se identifica junto ao sistema. A silhueta, por sua vez, é construída sem nenhuma identificação ou informação prévia, guardando, portanto, um caráter dinâmico. Na verdade, alguns programas já trabalham com esse tipo de distinção, em que temos um perfil estruturado previamente e um perfil dinâmico, construído processualmente. Amazon.com e Abuzz.com são dois bons exemplos, como veremos mais adiante.

preferido da pessoa.

Fica claro que esse agente não demanda nenhum consentimento por parte dos usuários para agir e oferecer sugestões, e que a silhueta obtida relaciona o indivíduo com a programação televisiva, e não com serviços em rede ou outros indivíduos. A tendência, no entanto, é que softwares mais sofisticados venham a ser introduzidos nas televisões digitais interativas, proporcionando aos usuários assistência nos serviços de compra, nas transações bancárias e na comunicação com outras pessoas. Mas esses softwares só poderão agir, pelas próprias conseqüências indicadas, sob instrução dos usuários.

MENSAGENS, NOTÍCIAS E LIVROS

Uma das mais ilustres responsáveis pelo desenvolvimento de agentes inteligentes na atualidade é Pattie Maes, a diretora de pesquisa no programa MediaLab do Instituto de Tecnologia de Massachusetts (MIT). Num artigo intitulado "Agents That Reduce Work and Information Overload" (Agentes Que Reduzem o Trabalho e o Excesso de Informação),[34] ela apresenta alguns exemplos concretos de como certos agentes que já estão no mercado funcionam em nosso cotidiano.

Um exemplo é o software que dá assistência a nosso correio eletrônico.[35] Trata-se de um agente pes-

---

[34] Pattie Maes, "Agents That Reduce Work and Information Overload". Em: Jeffrey M. Bradshaw (ed.), *Software Agents*. Massachusetts: MIT Press, 1997.

[35] Já é possível encontrar algum nível de agente em nossos correios eletrônicos. No Outlook, por exemplo, há o chamado "assistente de regras", que, quando convenientemente instruído, pode executar automaticamente uma série de tarefas para o usuário.

soal que "aprende" com o usuário a priorizar, deletar, encaminhar, classificar e arquivar mensagens. A técnica de aprendizagem é simples: o sistema observa continuamente o usuário em sua atividade de consulta ao correio eletrônico e memoriza em conjunto as situações e as ações correspondentes. Assim, se o usuário salva certa mensagem após tê-la lido, o sistema adiciona num arquivo de exemplos uma descrição dessa situação e da ação que foi tomada ("leu e salvou a mensagem de fulano").

Mesmo no uso do correio eletrônico, as situações nas quais um agente pode auxiliar alguém não são poucas. Entre elas, incluem-se, por exemplo, ações específicas para o caso de termos remetentes importantes em nossa lista; verificações constantes sobre temas de nosso interesse a partir de palavras-chave na linha "assunto" das mensagens recebidas; procedimentos para mensagens não lidas após certo período etc. Desse modo, dada uma situação de rotina, o *knowbot* tentará predizer a ação do usuário, baseado em exemplos armazenados em sua memória. O agente comparará então a nova situação com esses dados, tentando encontrar um conjunto de situações vizinhas que possam orientá-lo. A mais similar dessas situações memorizadas contribuirá para a decisão da ação a ser tomada ou seguida. Uma regra importante aqui é o grau de confiança que deve ser estabelecido para que o software possa tomar uma decisão. Dependendo do nível de confiança alcançado, pode-se permitir que o agente "faça" algo sem consulta, ou então que "comunique" ao usuário uma sugestão antes de agir.

Um segundo modelo é o dos agentes que auxiliam na seleção de artigos com base num fluxo contínuo de notícias. O usuário pode treiná-los com exemplos de artigos que deveriam ou não ser selecionados. Um caso interessante é o do agente criado pela empresa americana IFinder, que funciona atualmente no site www.ifinder.com. Essa empresa, que opera no ramo do marketing personalizado, fez um acordo com mais de 300 agências de informações eletrônicas, nos setores de notícias, entretenimento, esportes, lazer e negócios. O usuário pode usufruir dos serviços dessas agências registrando-se gratuitamente no site e recebendo por e-mail os links dos artigos de revistas e jornais que mais lhe interessam. O agente inteligente funciona então da seguinte maneira:

• o usuário programa o agente, alimentando-o com os modelos de artigos que devem ser selecionados, a partir de uma classificação inicial de interesses temáticos;

• uma vez alimentado, o agente começa a sugerir artigos ao usuário, dando junto de cada sugestão o percentual de proximidade com a padrão escolhido;

• o usuário pode, então, dar seu *feedback* positivo ou negativo para os artigos recomendados ou para os jornais e revistas que mais lhe agradam, bloquear determinada fonte de notícias ou, finalmente, disparar uma busca por artigos similares;

• com esse *feedback*, o agente apresentará no futuro um número maior de artigos pertinentes, e os promotores do IFinder garantem que, ao final de um período de seis meses, o agente estará extremamente adaptado ao gosto do usuário, podendo surpreendê-lo com suas recomendações.

O terceiro caso apresenta uma técnica sensivelmente diferente. Trata-se agora dos *knowbots* que são também chamados filtros colaborativos e funcionam extremamente bem na área de entretenimento. A diferença aqui é que os filtros colaborativos não tentam relacionar, como nos dois exemplos anteriores, os interesses de um único usuário com o conteúdo de mensagens eletrônicas ou de artigos recomendados. Eles são mecanismos que auxiliam as pessoas a selecionarem filmes, livros, programas televisivos e shows com base, exclusivamente, na correlação entre os gostos pessoais de vários usuários. O site mais conhecido com esse tipo de filtro ou agente é o da livraria Amazon.[36]

Todos que já o consultaram ou compraram ali livros (ou outro produto qualquer) tiveram a oportunidade de perceber algumas facilidades oferecidas pelo site. São elas a possibilidade de consultar o índice e algumas páginas do livro pesquisado, acompanhar comentários e avaliações enviadas por outros leitores e ter acesso a uma lista de quatro a seis outros títulos que também interessaram àqueles que compraram o livro em questão. Mas qual seria exatamente a função do agente inteligente da Amazon?

Em primeiro lugar, ele constrói um perfil dinâmico da pessoa, na medida em que ela adquire produtos através do site (que podem ser livros, CDs, vídeos, brinquedos etc.). Isso serve a um propósito subseqüente: apresentar uma lista de sugestões ao próprio usuário, com base naquilo que outras pessoas de perfil semelhante ao dele estão comprando. A suposição fundamental é que indivíduos que compartilham os mesmos gostos são boa referência para indicações interessantes, que podem ser cruzadas dentro de um mesmo grupo. Assim, se apreciamos determinada banda de rock, é natural que aqueles que também apreciam essa mesma banda possam gostar de outras ban-

---

[36] Ver www.amazon.com, mas também www.barnesandnoble.com, que já utiliza recursos similares.

das que não conhecemos (ou possam conhecer gravações exclusivas ou um disco solo que igualmente desconhecemos). Isso também se aplica a livros, filmes, shows etc. Em linhas gerais, eis a função do agente da Amazon: elaborar um circuito de sugestões cruzadas, baseadas nas compras dos próprios clientes da empresa.[37]

A importância do tipo de agente inteligente ou filtro colaborativo usado pela Amazon é que ele se apóia, em primeiro lugar, na força que o mecanismo de sugestão pode exercer sobre o poder de escolha dos indivíduos. Isso significa que consegue fazer o que mecanismos de busca convencionais ou *knowbots* mais simples não fazem: oferecer ao usuário sugestões muito próximas do que ele deseja, com base nas preferências de centenas ou milhares de outros usuários.

Outro aspecto importante é que, ao mesmo tempo, esse agente induz a pessoa a desenvolver uma percepção de comunidade ou pertença. A situação na qual alguém procura por um título de livro ou CD e, ao encontrá-lo, percebe que outras pessoas que o adquiriram compraram igualmente outros títulos que apresentam afinidades com o primeiro, faz surgir de imediato nesse indivíduo uma percepção de comunidade e de colaboração anônima em rede.

Trata-se do mesmo tipo de percepção já mencionado no exemplo da participação em programas televisivos, em que os telespectadores podem se dar conta dos votos, opiniões e perguntas de outros

---

[37] Vale a pena consultar os exemplos de agentes inteligentes apresentados por Johnson em *Cultura da Interface*, op. cit., cap. 6. No Brasil, o site da Livraria Cultura, por exemplo, já começou a oferecer esse mesmo tipo de serviço (www.livcultura.com.br).

telespectadores, sob a mediação da televisão. Vale lembrar que essa mediação só tende a se aprofundar com o advento da TV digital interativa, que possui recursos como chats e comunicadores instantâneos. Mas a iTV também avança no terreno das tecnologias de agentes inteligentes para estimular a oferta de programas, produtos e serviços, como é o caso, ainda em seus primeiros passos, da silhueta do telespectador produzida pelo software da OpenTV.

Através da Internet, do celular ou da televisão digital, os agentes inteligentes já estão colaborando e vão colaborar ainda mais para que possamos perceber as várias comunidades às quais pertencemos, relacionando perfis por afinidade, informando sobre a presença de outras pessoas em rede, sugerindo produtos e serviços etc.

A construção dessa percepção de comunidade, que é diferente e, no entanto, convive com o ato efetivo de participar de uma comunidade virtual, como veremos a seguir, vê sua importância ligada à necessidade crescente que as pessoas têm de se sentirem situadas no dilúvio informacional que tomou conta de nossa sociedade. Isso significa que, hoje, não basta compartilharmos espaço físico com parentes, vizinhos, colegas e amigos. É preciso, igualmente, compartilhar zonas de conhecimento, gostos e preferências, onde o que importa é saber que outras pessoas, anônimas mas situadas em constelações de sentido próximas à nossa, podem de algum modo colaborar conosco. É delas que, por intermédio das máquinas inteligentes, aceitamos e aceitaremos cada vez mais sugestões sobre livros, músicas, filmes, programas televisivos, restaurantes etc.

Essas sugestões, é bom lembrar, atuam diretamente sobre as pessoas no momento de uma escolha ou de uma tomada de decisão. Os avançados sistemas de sugestões colaboram, dessa forma, para fixar a atenção dos usuários em informações, serviços e produtos, mediando, de maneira sutil, a relação entre os indivíduos e o excesso encontrado no ciberespaço.

3. AS COMUNIDADES VIRTUAIS

Quando comecei a me orientar na Well, procurava informação e encontrei-a. Contudo, logo me dei conta de que as pessoas que dispõem da informação são mais interessantes do que a informação em si.

Howard Rheingold

COLÔNIAS DE FORMIGAS?

O nome de Howard Rheingold está intimamente ligado à cultura digital. Ele foi um dos pioneiros na divulgação das comunidades *on-line*, tendo participado ativamente de uma das primeiras e mais famosas iniciativas de que se tem notícia na área, a Well (Whole Earth 'Lectronic Link), fundada em 1985 pelos editores da revista *Whole Earth Review*.[38] Atualmente, Rheingold anima outra comunidade virtual, chamada Brainstorms. Em seu livro *A Comunidade Virtual*, publicado em 1993, na mesma época em que a Web estava nascendo, Rheingold já desenhava um mapa detalhado dos diversos tipos de comunidade *on-line* existentes no mundo. Ele apontava para o importante fato de que "não existe uma subcultura *on-line* única e monolítica, mas antes um ecossistema de subculturas,

[38] Ver: www.wholeearthmag.com, www.well.com, www.rheingold.com

umas frívolas e outras sérias"; e também alertava que, "o que quer que seja uma comunidade, não se está nunca livre de conflitos".

Quase uma década depois, pode-se dizer que essas subculturas virtuais estão florescendo por todos os cantos do planeta. São tão variadas que é simplesmente impossível mapear todas as espécies e subespécies. Há comunidades virtuais que reúnem interessados em esportes, entretenimento, política, comércio, saúde, sexo, jogos, raça e o que mais se possa imaginar. O ritmo em que elas se formam e se desfazem acompanha, basicamente, o mesmo de todos os grupos humanos. Algumas poucas permanecem sólidas ao longo dos anos, como a Well e, até recentemente, a The-Park. Outras são promovidas pelos agentes da mídia tradicional, como a CNN e o UOL. E muitas vivem da iniciativa de grupos de interesse – empresas, ONGs, instituições educacionais, movimentos minoritários etc.

A Well, que funciona até hoje, é o melhor exemplo de durabilidade, com seus membros cultivando relações intelectuais, afetivas e sociais. A comunidade The-Park é outro bom exemplo, tendo durado de 1994 a 2001. Com salas de bate-papo, fóruns, notícias e artigos, The-Park teve população de mais de 700 mil membros, e mais da metade contribuía com pequenas mensalidades. Eles podiam se tornar moderadores nos fóruns e salas de bate-papo, havendo ainda um banco de dados com artigos sobre os temas discutidos. Era também possível visualizar o perfil de cada participante e conhecer seu endereço eletrônico. Na primeira página do site, lemos: "Nossa intenção principal é oferecer um local para que pessoas de todos os cantos do mundo que tenham algo em comum possam se encontrar, dialogar e aprender sobre assuntos importantes, cultivar amizades, romances, relações e parcerias de negócios".[39]

Dentre outros exemplos de comunidades expressivas, temos a Respublica, fruto de uma iniciativa francesa de 1998, que possui cerca de 500 mil membros e contabiliza mais de 9 milhões de visitas mensais. A Multimania, ligada ao site de busca Lycos, com base também na França, soma 1 milhão de membros. No Brasil, temos a comunidade UOL, que está estruturada unicamente em salas de bate-papo, videopapo e videochats para os visitantes. A presença simultânea de usuários já atingiu 40 mil conectados. Outra iniciativa de sucesso é a Caramail, de propriedade da Lycos, baseada em chats que chegam a 20 mil conectados simultâneos e mais de 40 mil fóruns de discussões, com uma população que passa da casa do milhão.[40]

Claro que não mencionamos aqui as megacomunidades, constituídas pela America On Line (www.aol.com), Microsoft Network (http://communities.msn.com), Geocities (www.geocities.com, ligada à Yahoo.com) e Ezboard (www.ezboard.com). O que acontece é que essas reagrupam um número enorme de microcomunidades que vivem em seu interior, usufruindo das facilidades de suporte técnico e tecnológico oferecido.

O desenvolvimento das comunidades virtuais é provavelmente um dos maiores acontecimentos dos últimos anos, já que elas estimulam uma nova maneira de "fazer sociedade", na expressão de Pierre Lévy, filósofo francês mais conhecido por seus livros sobre a cibercultura emergente.[41] Os grupos de discussão, listas de difusão,

---

[39] Apesar de encerrada, a página continua ativa: www.the-park.com

[40] Ver: www.respublica.fr, www.multimania.fr, www.caramail.com

[41] Pierre Lévy, *Cyberdémocratie*. Paris: Odile Jacob, 2002.

chats, mundos virtuais multiparticipantes, videogames coletivos *on-line* e comunidades sem-fio apresentam um crescimento espetacular. As salas de bate-papo, por exemplo, são uma febre não apenas entre os jovens, mas também entre pessoas de várias idades, aí incluídos os chats que possuem recursos 3D, com seus avatares - personagens que "representam" os usuários - pitorescos. O que não falta são histórias de pessoas que se conheceram em chats e fóruns e tornaram-se amigas, namoradas, casaram-se (ou se divorciaram), arranjaram trabalho etc. Há alguns anos, aqueles que atuam nos mais diversos tipos de negócio, nas várias esferas da administração, das universidades e das escolas de modo geral têm se interconectado cada vez mais pelo correio eletrônico e pelo site de sua instituição ou organização. Essas pessoas constituem verdadeiras comunidades virtuais de trabalho e de troca de informações e conhecimentos.

CONSTRUINDO SUA COMUNIDADE

O que é certo, e pouco comentado, é que o investimento pessoal e financeiro dos promotores de qualquer comunidade *on-line* é altíssimo. Os desafios e problemas para construir uma comunidade virtual começam, na verdade, bem antes de definidas quais tecnologias utilizar e continuam bem depois que elas estão implantadas.

A relação entre membros e promotores é uma das que mais oferece problemas. Nem sempre o que os membros desejam é o que os promotores estão oferecendo. Por outro lado, é muito comum promotores fazerem suposições equivocadas sobre as necessidades de uma comunidade e disponibilizarem aquilo de que ninguém precisa. Por isso, é indispensável um balanço constante das principais necessidades e disponibilidades de uns e de outros.

Amy Jo Kim, autora do livro *Community Building on the Web* e uma das responsáveis pela concepção das comunidades virtuais da AOL e do iVillage, oferece três conselhos básicos nesse terreno.[42] Uma comunidade, em primeiro lugar, deve começar pequena e crescer lentamente como organismo vivo, inclusive fazendo descobertas ao longo do processo, modificando-se. Os gestores, por sua vez, precisam estar atentos aos sinais que os membros emitem, procurar compreendê-los constantemente e se fazer compreender por eles. É bom ter em mente que os gestores são os responsáveis pelo comportamento ético acordado pela coletividade. Finalmente, toda comunidade deve caminhar para a autonomia de iniciativa de seus participantes, incentivando-os a expressarem suas idéias e acatando suas sugestões.

Como estratégia fundamental, Amy Kim aconselha aos promotores estabelecerem com clareza os objetivos da comunidade, bem como os benefícios que seus membros terão ao participarem dela. É sempre bom lembrar que a participação de alguém numa comunidade *on-line* implica investimento de tempo, paciência e compreensão de coisas novas, muitas vezes difíceis de assimilar. A menos que o projeto consiga preencher uma necessidade real, os usuários não se

---

[42] Amy Jo Kim, *Community Building on the Web*. Berkeley: Peachpit, 2000. Pode-se consultar o site da autora, www.naima.com/community, que possui links com sites que disponibilizam ferramentas para construir comunidades virtuais, fóruns de discussão sobre o assunto etc. Outro livro importante é o de Cliff Figallo, antigo diretor da comunidade Well, *Hosting Web Communities: Building Relationships, Increasing Customer Loyalty, and Maintaining a Competitive Edge* (New York: Wiley Computer Publishing, 1998).

sentirão motivados a participar. Sabe-se que, em geral, as pessoas vão para onde lhes oferecem algo de que necessitam e que não podem encontrar em outro lugar. Sendo assim, para se dedicar aos compromissos de uma comunidade virtual, é preciso que a pessoa tenha claro para si qual será seu benefício principal.

AS MENTES COLETIVAS

Voltemos às análises visionárias de Rheingold em seu *Comunidade Virtual* de 1993. Ele percebeu que as comunidades virtuais são lugares onde as pessoas se encontram, mas são igualmente um meio para atingir diversos fins. "As mentes coletivas populares e seu impacto no mundo material podem tornar-se uma das questões tecnológicas mais surpreendentes da próxima década", antecipava. Na verdade, a idéia de uma mente ou uma inteligência coletiva mediada por computadores não chega a ser novidade. Em 1976, o pesquisador americano Murray Turoff, idealizador do sistema de intercâmbio de informação eletrônica (EIES), considerado o ponto de partida das atuais comunidades *on-line*, prenunciava que "a conferência por computador pode fornecer aos grupos humanos uma forma de exercitarem a capacidade de 'inteligência coletiva' [...] um grupo bem-sucedido exibirá um grau de inteligência maior em relação a qualquer um de seus membros".[43]

Turoff visualizou as comunidades virtuais e o potencial de inteligência coletiva que elas envolviam,

---

[43] Turoff, 1976, citado por Rheingold, *A Comunidade Virtual* (Lisboa: Gradiva, 1996).

mas Rheingold percebeu uma relação mais profunda, motivada em especial pelo excesso de informação. Com efeito, um dos problemas da rede, em sua visão, era a "oferta demasiada de informação e [os] poucos filtros efetivos passíveis de reterem os dados essenciais, úteis e do interesse de cada um". Rheingold estava atento ao fato de que os programadores se esforçavam para desenvolver agentes inteligentes que realizassem a busca e filtragem de informação, poupando o usuário "da terrível sensação causada pelo fato de o conhecimento específico procurado estar enterrado em 50 mil páginas de informação recuperadas". "Mas já existem", dizia, "contratos sociais entre grupos humanos – imensamente mais sofisticados, embora informais – que nos permitem agir como agentes inteligentes uns para os outros."

Isso, de certa forma, ampliava o conceito de mente coletiva, pois não se tratava apenas, como imaginava Turoff, de resolver problemas em conjunto, em grupo, coletivamente, como o fazem as colônias de formigas. Ao contrário, a idéia de mente coletiva que mais seduzia Rheingold era a de um grupo estimulado a trabalhar em função de um indivíduo, dos benefícios mais claros e palpáveis que ele pudesse vir a obter. O autor nos lembra que as comunidades virtuais abrigam grande número de profissionais que lidam diretamente com o conhecimento, o que faz delas um instrumento prático potencial. "Quando surge a necessidade de informação específica, de uma opinião especializada ou da localização de um recurso, as comunidades virtuais funcionam como uma autêntica enciclopédia viva. Elas podem auxiliar os respectivos membros a lidarem com a sobrecarga de informação."

Em suma, é no horizonte do excesso de informação que encontramos as comunidades virtuais, funcionando como verdadeiros filtros humanos inteligentes.

A estratégia de fornecimento e utilização de informação através do ciberespaço seria, na visão de Rheingold, uma maneira extraordinária de um grupo suficientemente grande e diversificado de indivíduos conseguir multiplicar o grau individual de seus conhecimentos.[44]

Mais recentemente, Pierre Lévy tem defendido a participação em comunidades virtuais como um estímulo à formação de inteligências coletivas, às quais os indivíduos podem recorrer para trocar informações e conhecimentos. Fundamentalmente, ele percebe o papel das comunidades como o de filtros inteligentes que nos ajudam a lidar com o excesso de informação, mas igualmente como um mecanismo que nos abre às visões alternativas de uma cultura. "Uma rede de pessoas interessadas pelos mesmos temas é não só mais eficiente do que qualquer mecanismo de busca", diz ele, "mas, sobretudo, mais eficiente do que a intermediação cultural tradicional, que sempre filtra demais, sem conhecer em detalhes as situações e necessidades de cada um."[45] Da mesma forma que Rheingold, Lévy está convencido de que uma comunidade virtual, quando convenientemente organizada, representa importante riqueza em termos de conhecimento distribuído, de capacidade de ação e de potência cooperativa.

Já Steven Johnson, que, além de jornalista e escritor, é um dos promotores da comunidade virtual Plastic (www.plastic.com), afirma num recente artigo, "The Swarm Next Time", que os últimos anos da Web

---

[44] Contra os incrédulos que desconfiam desse tipo de troca de conhecimentos e informações, Rheingold atesta que, "na comunidade virtual que melhor conheço, o conhecimento bem apresentado é uma valiosa moeda de troca [...]. Quem fornece respostas rigorosas e bem escritas ganha prestígio ante toda a audiência virtual. Os especialistas entram em competição para a resolução dos problemas".

[45] Lévy, *Cyberdémocratie*, op. cit.

foram de pseudo-interatividade e que, finalmente, o ciberespaço começa a nos oferecer aquilo que foi sua promessa original: alimentar uma inteligência coletiva pela conexão de todas as informações do mundo. "Podemos ver os primeiros anos da Web como uma fase embrionária, evoluindo através de seus antepassados culturais: revistas, jornais, shoppings, televisões etc. Mas já há algo inteiramente novo hoje, uma espécie de segunda onda da revolução interativa que a computação desencadeou: um modelo de interatividade baseado na comunidade, na colaboração de muitos com muitos."[46]

Johnson não desconhece o antigo e longo percurso de comunidades como a Well, considerada por Rheingold um autêntico filtro comunitário inteligente. Mas o que Johnson tem em mente aqui são as conseqüências da intervenção cada vez mais ampla e complexa dos agentes inteligentes nas relações entre os membros de comunidades virtuais. Está interessado, acima de tudo, na performance dos filtros atuais, que aumenta à medida que há um incremento do número de usuários e de informações. Isso quer dizer que os agentes e filtros colaborativos tornam-se mais espertos e úteis à medida que mais informações e indivíduos fluem através deles.

Dois bons exemplos disso são o Napster e o Morpheus, softwares que permitem às pessoas trocarem músicas, imagens e arquivos através da rede. Nesse caso, quanto maior o número de usuários e de documentos disponíveis no sistema, melhor o desempenho dos softwares e, em conseqüência, maiores os benefícios para cada um. O Napster não só funcio-

---

[46] O artigo em questão, publicado na Web em 15/1/2001, pode ser encontrado procurando-se por "feedmag" em: www.archive.org

nou, como seu sucesso resultou numa enorme batalha judicial com a poderosa indústria fonográfica. Pois bem, a contribuição de cada indivíduo no sistema Napster pode ser considerada mínima, já que esse indivíduo precisa disponibilizar, quando muito, seus arquivos de música para a comunidade. São as pequenas formigas que levam seu minúsculo pedaço de folha para o centro de um enorme formigueiro! Em contrapartida, o benefício é ter à disposição todas as músicas disponibilizadas por todos os membros do planeta!

De fato, é possível notar que, no mesmo ritmo em que as publicações e ofertas de produtos e serviços se avolumaram no ciberespaço, as comunidades virtuais aprimoraram suas técnicas de auxílio e orientação aos usuários, conquistando assim sua confiança e atraindo sua participação. Hoje, além da comunicação direta entre os membros, fonte de dicas e sugestões, é possível contar com as mais variadas citações feitas em grupos de discussão ou em salas de bate-papo, com os votos ou críticas dos usuários a produtos e serviços, com a opinião de especialistas convidados, com os serviços de personalização e, cada vez mais, com a ação dos *knowbots*.

Todos esses recursos fazem que as comunidades virtuais sejam verdadeiras fontes de consulta, e, como conseqüência previsível, muitos visitantes usufruem mais do que contribuem. O próprio Rheingold nos dá uma estatística que é válida até hoje: cerca de 16% de usuários num fórum ou chat contribuem com 80% do volume total de palavras, embora haja muitos à escuta, invisíveis, livres para participar ou não, que usam os recursos da coletividade como fonte variada de orientação. Ora, o fato de muitas pessoas apenas consultarem o coletivo e não contribuírem diretamente para ele poderia, por si só, ser entendido de forma negativa. No entanto, os agentes inteligentes vieram contrabalançar essa tendência em tempo, pois conseguem capitalizar em prol da comunidade até mesmo as consultas mais simples daqueles que dela não participam ativamente.

Mas que tipo de mente, afinal de contas, deveríamos atribuir às comunidades *on-line*? Há algumas iniciativas que alimentam conotações mais utópicas e levam as pessoas a duvidar da possibilidade de uma inteligência ou mente coletiva. Trata-se daquelas que pressupõem graus elevados de sacrifício dos membros em função de algum objetivo ou causa maior. Com idéias formigando de todo lado, os indivíduos vão engendrando uma obra com a sinergia de suas inteligências ou de suas ações. Um dos raros casos conhecidos desse gênero na rede, aliás com sucesso extraordinário, é o da comunidade virtual Open Source Development Network (www.osdn.com), que reúne programadores de todo o mundo dispostos a colaborar no desenvolvimento de softwares de código aberto. O sistema operacional Linux (que possui mais de 30% do mercado mundial de servidores – www.linux.com) é a melhor prova de resultados dessa autêntica espécie de mente coletiva. Mas a Well também provou que uma comunidade *on-line* pode socorrer um membro doente num país distante, mobilizando recursos financeiros e humanos em pouquíssimo tempo.[47]

A segunda maneira de interpretar uma inteligência coletiva é entender uma comunidade virtual como excelente filtro inteligente, que pode ser consultado por qualquer um a qualquer momento. Nesse caso, é o grande material acumulado no formigueiro que socorre cada formiguinha em suas necessidades.

---

[47] Cf. Rheingold, op. cit., cap. 1.

UM ZUMBIDO NA REDE...

Vejamos um dos exemplos mais contundentes do que seria uma comunidade virtual que, toda baseada no conhecimento, só pôde se constituir com a ajuda de agentes inteligentes. Trata-se do Abuzz.com, criado em janeiro de 2000 pelo jornal *The New York Times*. A idéia do NYT foi explorar, de forma inteligente, o modo que as pessoas buscam informações e conhecimentos e colaboram umas com as outras num ambiente *on-line*. Foi também, do ponto de vista comercial, uma estratégia para incorporar o potencial de participação dos assinantes através da Internet e conseguir novos assinantes.

Uma autodefinição na primeira página diz o seguinte: "O Abuzz é uma rede de conhecimentos que usa o correio eletrônico e a Web para conectar você com pessoas, informações e pontos de vista que lhe sejam relevantes". De maneira estratégica, dá também uma definição de seus membros, que soa como um lembrete ético:

"Os membros do Abuzz são pessoas inteligentes com conhecimento, como você. Eles não são *experts* contratados, mas pessoas que gostam de compartilhar o conhecimento pelo conhecimento. São [...] o ingrediente não-técnico que torna o Abuzz mais interessante do que uma sala de bate-papo, mais conveniente do que um *news group*, mais receptivo do que um fórum e mais humano do que um mecanismo de busca".

Seis meses após seu lançamento, o Abuzz tinha mais de 350 mil membros em atividade. Seu princípio de funcionamento é extremamente simples e atraente do ponto de vista do usuário, mas muitíssimo sofisticado e complexo do ponto de vista da solução tecnológica. O principal recurso do Abuzz é o sistema de perguntas e respostas, que atrai as pessoas pela simplicidade e praticidade. Simplicidade porque a primeira coisa que vemos na página inicial é o espaço para colocarmos nossa questão; praticidade porque recebemos as respostas por e-mail. De fato, no Abuzz podemos perguntar qualquer coisa, desde assuntos triviais até problemas técnicos ou teóricos. Podemos nos informar sobre produtos e serviços, ou sobre os melhores sites de algum assunto. Os membros da comunidade respondem. Obviamente, isso significa que, se alguém deseja fazer perguntas, deve estar disposto a responder, pelo menos de vez em quando, a algumas que lhe serão formuladas. Afinal, é a reciprocidade que faz a comunidade. Mas o usuário não precisa se preocupar: o agente inteligente filtra as questões remetidas pela comunidade e só as endereça para os membros cujo perfil combina o melhor possível com a pergunta. Dessa forma, os participantes que não tiverem se declarado amantes da música clássica, por exemplo, não serão forçados a responder sobre Mozart. No entanto, se por um lapso algum desses participantes se empolgar em comentários musicais a respeito do filme *Amadeus*, então o agente não terá como evitar lhe enviar algumas belas questões sobre Antonio Salieri, o famoso adversário de Mozart naquela história ficcional.

Para o agente inteligente do Abuzz, tudo o que auxiliar na construção do perfil dos membros e na melhor troca possível entre perguntas e respostas é importante. Assim, as respostas recebem aplausos, o que estimula a participação; o tempo que alguém leva para responder é computado, para que aqueles que perguntam tenham idéia do intervalo médio de resposta; caso o usuário não receba uma resposta no tempo médio, o agente lhe proporá refazer a pergunta etc. Esses e outros recursos fazem do Abuzz um excelente exemplo de comunidade movida exclusivamente pela partilha de conhecimentos, por uma inteligência coletiva.

O *New York Times*, por sua vez, encontrou no Abuzz um ambiente vivo que o orienta em muitas pautas e discussões. Além disso, o próprio jornal fornece links de matérias interessantes para os grupos de discussão e coloca questões sobre diversos temas para a comunidade, numa forma inusitada de provocação e diálogo. É o que poderíamos chamar de autêntica conversa entre um meio de comunicação impresso e seus assinantes e leitores.

AS REDES DE CONHECIMENTO

A televisão também tem seus exemplos interessantes na área do conhecimento, afora os já mencionados sobre jogos e entretenimento no primeiro capítulo. Um deles é o da emissora americana CNN e de sua comunidade *on-line*.[48] É comum, durante a programação, a inserção de pequenas chamadas para discussões em sua página na Internet, em geral sobre os assuntos mais importantes do dia. De fato, enquanto outras emissoras são fiéis à idéia de que é preciso manter a audiência ligada o maior tempo possível em seus programas, a CNN não teme que o interesse pelos fóruns e chats que ela promove na rede possa vir a

---

[48] www.cnn.com

dividir a atenção dos telespectadores, numa espécie de competição entre Internet e TV. Ao contrário: a fórmula parece reforçar a fidelidade ao canal, já que as pessoas encontram no site o espaço adequado para prosseguir com discussões sobre assuntos de seu interesse com outros internautas. Isso faz com que a emissora atue como promotora de debates e não mais, exclusivamente, como fonte de difusão de informações. No fundo, os participantes dessa comunidade virtual possuem hoje uma visão mais ampla da própria CNN, que não se esgota na tela da televisão.

No campo do jornalismo *on-line*, uma boa fonte de inspiração é o site Plastic (www.plastic.com). Trata-se de uma comunidade virtual, composta de pessoas interessadas em usufruir de um jornalismo que é produzido, na maior parte das vezes, com base na experiência de leitura que seus próprios membros possuem dos vários sites de notícias espalhados pela Internet. O ponto essencial é sustentar que os princípios da informação jornalística acabam por isolar os acontecimentos noticiados da esfera na qual a experiência do leitor poderia ser realmente afetada. Para tentar superar essa distância, os promotores do site propõem que os membros escolham notícias e artigos de qualquer ponto da rede que gostariam de comentar e as enviem para a direção do Plastic. Assim, a coletividade tem acesso a essas notícias selecionadas e pode acrescentar sua própria avaliação. Em pouco tempo, implantou-se um sistema de notas para estimular os melhores comentadores. Contando com mais de 25 mil pessoas registradas, o Plastic teve, após um ano de lançamento, mais de 13 mil links para artigos e notícias publicados, e esses links receberam mais de 90 mil comentários da comunidade. O site funciona como perfeito jornal coletivo, que pode ser consultado por temas, pelas melhores avaliações, por artigos etc.[49]

Uma experiência que tem se mostrado igualmente eficiente no campo do conhecimento é o site Fathom (www.fathom.com), fundado no início de 2001 por um consórcio das seguintes instituições: Columbia University, London School of Economics and Political Science, Cambridge University, The British Library, Smithsonian Institution's National Museum of Natural History, The New York Public Library, University of Chicago, Americam Film Institute, Rand e Woods Hole Oceanographic Institute. O objetivo principal do Fathom é atrair o internauta para o interior de um circuito de capital de conhecimentos e *expertises* autenticadas. O lema é: "Você deseja participar do mundo das idéias não apenas porque elas são desafiadoras e contra-intuitivas ou complexas, mas também porque você gosta disso, porque isso é bom para sua carreira, para sua alma, e porque você pode".

O consórcio traduz um novo conceito, o de convergência cultural, ao reunir universidades, bibliotecas, editoras e museus. Nele encontramos centenas de cursos *on-line*, com seus respectivos grupos de discussão, oferecidos pelas instituições, bem como inúmeros produtos relativos ao conhecimento (livros, CD-ROMs, vídeos, CDs, periódicos). Um sistema de indexação por proximidade permite ao usuário saber quais cursos oferecidos relacionam-se com quais outros, e quais produtos, referentes aos cursos, podem ser encontrados no próprio site. Isso permite uma alternância entre pes-

[49] Seguindo um pouco esse gênero, encontramos em www.salon.com uma comunidade que funciona com comentários sobre os mais diversos assuntos, notícias, produtos e serviços. No Brasil, um exemplo é o site Caros Amigos, que possui uma comunidade virtual bem ativa e que se formou em torno das notícias e informações veiculadas pela revista de mesmo nome.

quisa em profundidade e pesquisa tangencial. Ann Kirschner, presidente do Fathom, diz que o site tem tido mais de 750 mil visitantes únicos por mês e que mais de 100 mil usuários receberam e-mails regularmente ao final do primeiro ano de atividade.

Já no campo da política, um site como o Speakout (www.speakout.com) inaugura uma idéia muito recente na Internet, a da ágora virtual.[50] Ele procura recuperar o espírito da prática política que floresceu entre os antigos gregos, que discutiam em praça pública ("ágora") as questões de sua cidade. O Speakout é uma iniciativa que visa atrair os internautas para um cenário inteligente de discussão política. Um caso polêmico, debatido no site, dizia respeito à votação de uma lei – posteriormente aprovada em alguns estados americanos, como Nova York – sobre ex-condenados por abuso sexual. Com a lei, eles estavam obrigados, quando mudassem de residência, a declarar publicamente aos vizinhos e à prefeitura local o fato de que tinham sido condenados por tal razão. Isso acabou gerando no site uma série impressionante de argumentos a favor e contra, que serviam muito bem para nos mostrar quanto é complexa uma sociedade e suas idéias. Trata-se, portanto, de uma iniciativa um pouco diferente daquela de comunidades virtuais que discutem temas gerais. Na ágora virtual, a questão é: cidadania, democracia, direitos etc.

O Speakout tem audiência de 2,5 milhões de visitas mensais, e 190 mil são de usuários únicos. A estratégia é simples: como ágora política virtual, o site consegue captar a atenção dos políticos para o que está sendo discutido. Isso dá força à palavra do internauta (*net citizen*, "cidadão da rede"), que é assim atraído e

---

[50] Ver também: www.politics.com

estimulado a declarar suas idéias. Há um sistema de remessa de e-mails do usuário diretamente para os políticos ou para os partidos. São debatidas questões de sua comunidade local, de sua cidade, estado, província ou país e do mundo. Há também o incentivo à formação de grupos de interesse e a abertura de canais de comunicação com as autoridades competentes (é o *lobby* do cidadão). A transparência do relacionamento entre políticos e cidadãos no site funciona também como forma de compromisso público documentado.

Se pensarmos que as comunidades criam mundos próprios, perceberemos que é essa atividade cotidiana – que abrange a publicação de textos, a indicação de links, a produção de questões e a expectativa de receber uma resposta não se sabe de quem, a ida e vinda de mensagens, enfim – o que cria, pouco a pouco, um mundo próprio de significação, povoado por seres virtuais: idéias, conceitos, sentidos. O objetivo maior está na sensação de pertencer a um ambiente que todos constroem e compartilham.

COMUNIDADES VIRTUAIS E COMÉRCIO ELETRÔNICO

Num livro extremamente provocador, chamado *Cluetrain – Manifesto Para uma Economia Digital*, publicado em 1999, Levine, Locke, Searls e Weinberger, quatro autores americanos ligados ao setor de marketing, anunciam o fim dos negócios convencionais. Eles defendem a idéia de que, no fundo, negócios são conversações, e de que uma poderosa rede global de troca de idéias já estaria em curso com a expansão das telecomunicações. "Através da Internet", afirmam, "pessoas estão descobrindo e inventando novas maneiras de compartilhar rapidamente conhecimento relevante. Como um resultado direto, mercados estão ficando mais espertos – e mais espertos que a maioria das empresas." Para eles, isso não seria na verdade nenhum segredo, pois é evidente que o mercado em rede sabe mais que as empresas sobre seus próprios produtos. E, sendo a notícia boa ou ruim, ele conta para todo mundo.

Mais recentemente, uma série de pesquisas acabou por confirmar as intuições do *Manifesto*. Elas contrariam a idéia de que comunidade virtual e comércio não se misturam. A técnica básica utilizada pelos institutos de pesquisa, num grande levantamento feito ao longo do ano 2000, foi comparar membros ativos de uma comunidade *on-line* com simples visitantes dos mesmos sites. Segundo a Andersen Consulting, 62% dos compradores pela Internet afirmam que as considerações de outros clientes e suas recomendações os orientaram na compra *on-line*. Já a Forrester Research averiguou que 30% dos usuários participantes de comunidades afirmam que seu engajamento deveu-se ao fato de que elas o ajudam a decidir o que comprar. Constatou-se, também, que eles fazem em média 20 referências de sua comunidade virtual para outras pessoas, além de comprarem cinco vezes mais que os não-membros e apresentarem um período de permanência, em termos de fidelidade ao site, 50% superior ao dos não-membros.[51]

Esses dados explicam por que muitos usuários, mesmo não sendo participantes ativos de comunidades, continuam obtendo informações através dos fóruns de discussão e dos mais variados comentários ali deixados pelos membros, pois isso os auxilia em suas compras e outras ativida-

[51] Essas pesquisas encontram-se disponíveis em: www.participate.com/research/

des – o que indica, mais uma vez, que as comunidades vêm sendo usadas como filtros de informação.

A comunidade de comércio eletrônico mais famosa continua sendo a eBay (www.ebay.com), verdadeiro bazar composto de clientes reunidos pelo interesse comum em tópicos relacionados aos mais diversos produtos. Eles alimentam um número enorme de fóruns de discussão. Outro exemplo é o da comunidade formada pela empresa Cisco Systems, que estimula profissionais da área de infra-estrutura tecnológica a compartilhar informações em seus fóruns (http://forums.cisco.com). A comunidade patrocinada pela AT&T WorldNet (http://communityport.att.net/) possui inúmeras salas de bate-papo, fóruns extremamente variados, concursos e eventos. No Brasil, o Sabido.com e o Icomo.com são bons exemplos de espaços de discussão e informação sobre produtos e serviços.

Há também comunidades de vendedores e compradores em sites de comércio eletrônico, trocando informações relacionadas a preço, qualidade, estoques etc. A Amazon é, de certa forma, um bom exemplo de tal tipo de comunidade.

Todas essas iniciativas têm objetivos muito claros: fidelização de clientes, incremento de negócios e vendas, redução de custos na captação de membros, melhor compreensão de seu mercado através da contínua conversação entre os usuários da comunidade etc.

O ENXAME DOS SEM-FIO

A enorme evolução das comunidades virtuais está profundamente ligada ao esforço despendido pelas pessoas durante a década de 90. Elas estabeleceram laços sociais, comerciais e amorosos através de seus desktops. Aprenderam a conversar nas salas de bate-papo, a discutir sobre os mais variados assuntos nos fóruns, a enviar e receber e-mails para resolver todo tipo de problema, a participar de listas de discussão e de grupos de notícias. Em suma, a Internet lhes possibilitou a invenção de novas formas de comunicação, sem grandes preocupações com a presença física ou com a situação geográfica dos interlocutores, sem precisar sequer dar importância, muitas vezes, ao gênero ou situação social daqueles com quem se conversava.

Contudo, parece que o início do século 21 está preparando outra mutação na maneira que as pessoas se comunicam. Se olharmos para a direção certa, será possível detectar os primeiros sinais de comunidades virtuais que se distanciam dos desktops e saem do ciberespaço. É a chegada das comunidades sem-fio. A essência desses novos grupos tem um nome: mobilidade. Eles se conectam por telefones celulares, palmtops ou pequenos radiotransmissores de curto alcance. São os portáteis. O essencial é poder estar "sempre ligado" em qualquer lugar.[52]

A revolução real na computação sem fio não é comercial nem tecnológica, mas social. Conectadas a todo momento e em qualquer lugar, as pessoas podem comunicar e cooperar de novas maneiras. Na Finlândia e no Japão, países que oferecem com sucesso essa tecnologia há mais tempo, os serviços de dados para dispositivos móveis tornaram-se uma plataforma

---

[52] Os americanos utilizam os termos *wireless*, para "sem fio", e *always on*, para "sempre ligado".

importante para a interação de grupos. Isso acabou surpreendendo os que só acreditavam nesses novos serviços como outra maneira de acessar conteúdos.

As dificuldades de navegar nos sites especialmente criados para quem possui um celular ou palmtop (os assim chamados serviços WAP) aumentaram a importância das mensagens de textos simples para a interação entre os mais diversos grupos. Na Europa, principalmente na Finlândia e Suécia, o que tem feito muito sucesso entre os usuários de portáteis é o SMS (*short messaging service*, "serviço de mensagens curtas"), o equivalente do e-mail no mundo dos sem-fio. Hoje, é o serviço mais comum na Europa: ao longo de 2001, foram mais de 200 bilhões (isso mesmo!) de mensagens enviadas.

Além do SMS, os conhecidos serviços de e-mail, comunicador instantâneo e chat também estão disponíveis nos aparelhos móveis. No Brasil, o SMS também é oferecido como serviço por todas as operadoras de telefonia celular.

Mas o que são essas comunidades virtuais móveis? De que maneira elas funcionam em aparelhos como os celulares e palms, por exemplo? Eles são tão minúsculos e desajeitados quando se quer falar ou tomar nota de algo que fica impossível imaginar que alguém consiga digitar mensagens para participar de um chat! Será que nossas definições de comunidade ainda se aplicam nesse caso?

Em geral, as pessoas associam comunidade virtual com as mensagens lineares que podem ser acompanhadas num fórum de discussão *on-line*. Mas o modo pelo qual essa discussão é experimentada na tela do computador não é o mesmo que se vivencia num celular, palm ou pager. As restrições do tamanho da tela, da memória, da banda de transmissão e da navegação acabam quebrando em inumeráveis pedaços o curso linear de uma conversa. Os usuários, então, só têm acesso a partes da discussão; o restante fica acessível apenas em seus PCs. No caso dos chats, inventou-se um sistema bem original para facilitar a composição de mensagens no telefone celular: os *shortcuts*, um pequeno arquivo com mensagens pré-programadas. Digitando-se dois ou três caracteres, podem-se obter rapidamente expressões, frases, perguntas e respostas prontas, que ajudam o usuário nessa árdua tarefa que é escrever dispondo de oito teclas.[53]

Os agentes inteligentes também desempenham um papel importante nos aparelhos móveis, justamente porque tarefas como digitar mensagens e navegar através de menus ainda são particularmente difíceis nesses dispositivos. O uso de agentes serve para atenuar o esforço da pessoa, seja antecipando a palavra que ela começou a digitar, seja reduzindo uma lista de restaurantes locais com base em suas preferências, seja auxiliando na busca de informações relevantes.[54]

Ora, mesmo com esses recursos disponíveis, que permitem quando muito uma comunicação monossilábica, fica difícil pensar numa comunidade virtual móvel que seja similar aos grupos que se formam na Internet. Esta parece ser um ambiente mais favorável à multiplicação de idéias, comentários e discussões, assim como é propícia à busca por informações complexas. Nesse aspecto, o ciberespaço é mesmo um lugar desprovido

---

[53] Exemplo de alguns *shortcuts* disponíveis em www.mgage.com: digita-se "@1" para obter "Hi there!" (Alô, aí!), "@2" para "Nice to meet you all" (Foi bom encontrar vocês), "@30" para "Wanna go to the movies?" (Quer ir ao cinema?), e assim por diante.

[54] O agente que antecipa as palavras que o usuário está digitando no celular é fruto da tecnologia T9, desenvolvida pela empresa Tegic, subsidiária da AOL Time Warner. Essa tecnologia já está disponível em alguns aparelhos no Brasil.

de materialidade, de presença física – aliás, aquilo de que muitos reclamam. O ciberespaço é, basicamente, um meio que favorece a comunicação não-presencial.

Já as comunidades virtuais que se formam em torno de celulares, palmtops e outros dispositivos sem fio têm funcionado, cada vez mais, como apoio a ações coordenadas de grupos num espaço geográfico. Por isso a afirmação de que a essência de tais comunidades é o movimento, a reunião dos grupos em espaços físicos. É conhecido o exemplo em que grupos de jovens adolescentes de Helsinque, conectados em seus celulares por todo canto, combinam numa fração de segundos um encontro num shopping. Eles chegam como um enxame!

Essas comunidades servem, literalmente, para muitas pessoas se acharem umas às outras e se conhecerem em grupo. Isso é vivenciado em raras ocasiões quando se trata de comunidades que evoluem na Internet. Mas aqui, entre os sem-fio, encontrar-se presencialmente parece ser o que há de mais interessante. Rheingold nos fala de ativistas que se mobilizam nas ruas e de jovens que se encontram em clubes. É o oposto dos filmes de ficção científica, em que chips são inoculados em seres humanos para controlá-los em suas ações e deslocamentos físicos. Aqui, parece que um potencial de revolução permanente encontra-se nas mãos dos jovens.

Dois produtos para crianças e adolescentes, lançados recentemente nos Estados Unidos, chamam a atenção justamente para esse fato. Um deles é um curioso brinquedo lançado pela empresa Hasbro, que é alimentado com três pilhas e operado por uma banda de rádio de curta distância. As crianças compõem mensagens com uma caneta, seja tocando o minúsculo teclado, seja escrevendo diretamente na tela, como num palmtop. Depois, basta aos membros de um suposto "grupo secreto" ou de uma "Sociedade dos Cavaleiros de Avalon" pressionar um botão, e pronto: mensagens são enviadas de uns para os outros através de ondas de rádio que alcançam a vizinhança. E isso sem que os pais tenham de pagar nenhuma tarifa ao final do mês.[55]

Outra novidade é a que a empresa Cybiko está promovendo, um aparelho bem esperto que oferece comunicador instantâneo e jogos interativos para crianças e adolescentes. É preciso estar a certa distância de outro usuário para poder receber os avisos e jogar. O aparelho vibra quando um amigo – ou alguém que satisfaz uma especificação qualquer – entra em seu raio de ação num shopping, num cinema ou em qualquer lugar onde a criança esteja.[56]

Esses dois exemplos servem para indicar quanto as novas gerações serão formadas numa cultura em que a dinâmica parece ser a da mobilização física promovida por um espaço virtual, ao qual se está permanentemente ligado, não importando onde se esteja. Rheingold acredita que já nasceram as crianças que jamais usarão um PC.

BLOGS E FOTOLOGS

A chegada dos blogs[57] contraria os que viam na web apenas um foco de proliferação de identidades simuladas. De fato, com a explosão dos *chats* e de seus

---

[55] Ver: www.tigertoys.com

[56] Ver: www.cybiko.com

[57] Blogs: de *weblogs* (diários da web). O primeiro blog surge em 1997, produzido por Jorn Barger, e pode ainda ser conferido em www.robotwisdom.com

nicknames nos anos 90, difundiu-se a idéia de que na Internet as pessoas não seriam elas mesmas, de que haveria aí um enorme jogo de faz-de-conta, mascarando milhares de mentes "verdadeiras". Os blogs, que são uma nova forma de publicação *on line*, propõem ao contrário uma autêntica representação de seus autores. Assim, o que não era possível na correria dos *chats* e na confusão dos fóruns (porque esses sempre exigiram uma luta contínua para se desatar o emaranhado de comentários...), agora é possível com os blogs, onde alguém pode construir seu espaço diária e cumulativamente, e conversar a partir de certo ponto de vista, de sua zona iluminada![58] Além disso, diferentemente da grande maioria dos sites, a liberdade de se colocar *links* em blogs é mais um dos aspectos que lhes dá força e interesse. Cada blog parece remeter a uma comunidade de blogueiros, num sistema de remissão infindável.

Com os fotologs (ou flogs), onde o assunto são as fotos publicadas por seus autores, isso é ainda mais claro, pois é possível navegar horas por flogs através da lista de fotologs preferidos de cada autor. Como a lista é composta por pequenas fotos, podemos navegar de flog em flog só pelo prazer que as fotos nos despertam. Então, há uma relação entre os flogs e a construção de uma comunidade orientada pelo olhar, pela fruição das imagens. É uma forma de compartilhar coletivamente seu ponto de vista sobre o mundo, assim como de incluir nele sua estética.

---

[58] Cabe lembrar que um blog até pode funcionar como uma *homepage* pessoal, mas sua estrutura flexível está com certeza voltada para a construção de comunidades virtuais, o que de fato vem ocorrendo. Para blogs nacionais pode-se consultar http://www.interney.com.br/outrosblogs.php. Para os internacionais o melhor repertório é http://portal.eatonweb.com/.

Um flog desse gênero bem conhecido é o da brasileira Sinistra (www.fotolog.net/sinistra). Trata-se de uma fotonovela construída em fotolog, num nível de produção artística que impressiona. Outro que está fazendo sucesso é o da brasileira que reconstruiu o mundo da Alice de Lewis Carroll, como uma fotonovela onde a própria autora se mescla com desenhos de alta qualidade (www.fotolog.net/helenbar).

Muitos dizem que os blogs pessoais são uma espécie de diário íntimo, mas isso não parece ser o que realmente ocorre. Um usuário até pode começar seu blog valendo-se de suas lembranças cotidianas, notícias, assuntos corriqueiros, além dos aspectos pessoais etc. No entanto, a simples publicação dessas lembranças faz delas outra coisa, algo que pode ser interpretado por um outro, avaliado e comentado. A partir do momento em que um comentário se interpõe nas "páginas" do blog, o que de fato começa a dirigir sua composição é uma mistura de pessoas, de pontos de vista, de interesses e preferências. O que ocorre, então, é uma espécie de construção coletiva da intimidade.

Essa experiência de comunidades a partir de blogs e fotologs oferece uma visão de mundo web mais palpável do que aquela das comunidades virtuais, via *chat* e fórum. Isso porque *chats* e fóruns são como os clubes que se freqüenta, que não são onde se mora. Já os blogs estariam mais próximos dos condomínios, onde cada um cuida de sua casa da melhor maneira possível, mas não deixa de receber visitas e de freqüentar a casa dos vizinhos.

Blogs e flogs são uma forma de investimento afetivo, imaginário e intelectual.

Todo mundo faz comunicação. Há os que querem dizer muitas coisas, e há os que desejam se encontrar com esse pessoal falante. Muitos querem ouvir música, outros desejam copiar imagens. Um número imenso de seres humanos tem injustiças a denunciar e sofrimentos a expressar. Em toda esquina, gente quer contar uma história, oferecer um conselho. Sempre há perguntas e pedidos de todo tipo, e algumas vezes temos experiências para trocar.

Em meio a esse alvoroço, está em curso uma mutação profunda nas formas de comunicação, no modo que as mensagens são construídas e mediadas. Essa mutação é parte da revolução digital que vivemos há mais de uma década. A participação na televisão por telefone, fax ou Internet, a TV digital interativa, a evolução dos agentes inteligentes e sua disseminação a nossa volta, a multiplicação de comunidades virtuais de todo tipo, a epidemia dos sem-fio são fatos marcantes da cultura digital. Cultura que cresce sob o signo da interconexão entre dispositivos computacionais, da inter-relação entre os homens em escala planetária, do relacionamento cotidiano com máquinas inteligentes e da obsessão pela interatividade. Cultura que alimenta, no fundo, artifícios extremamente sofisticados para prender a atenção das pessoas, para orientá-las na confusão que ela mesma criou.

Um lembrete final. Há sempre o risco de confundir cultura digital com digitalização da cultura, no sentido de codificação e controle das relações. É verdade que toda essa parafernália tecnológica tem contribuído, em grande parte, para a expansão gradativa de nossa recente sociedade de controle. Como o avesso de uma sociedade profundamente interconectada, com alto grau de interação entre seus membros, intermediada por inúmeros artefatos inteligentes, temos a expansão simultânea dos incontáveis procedimentos de autenticação, identificação, certificação e autorização aos quais devemos nos submeter em nosso cotidiano.

Cabe recordar que não existem limites claros para o aumento dos mecanismos de controle, pois sempre é possível controlar mais (e supor que não há controle suficiente). A cultura digital se vê assim confundida com sua sombra: *logins* e senhas por todos os lados, mensagens criptografadas, apelidos, *cookies*, crise e questionamento das identidades, da privacidade etc. O resultado disso tudo é que, na "midiaesfera", à mesma proporção que evoluímos na construção de nossa liberdade de expressão, aprofundamos as estratégias das malhas de controle nas quais nos enredamos a cada dia.

SITES E BIBLIOGRAFIA

SITES

Algumas Comunidades Virtuais no Brasil

Fulano (www.fulano.com.br)
Comunidade virtual que promove namoros, encontros, amizades, flertes etc.

Minha Galera (www.minhagalera.com.br)
Comunidade virtual com fóruns, chats, brincadeiras, flertes, namoros etc.

Caros Amigos (www.carosamigos.com.br)
Comunidade virtual que foi formada com base no site da revista *Caros Amigos* e promove debates e discussões sobre os mais variados temas. O usuário também tem espaço para publicar poemas, contos e artigos.

Bluebus (www.bluebus.com.br)
Site que envia notícias por e-mail com base em palavras-chave escolhidas pelo usuário.

O Especialista (www.oespecialista.com.br)
Comunidade na qual especialistas e usuários comentam, criticam e sugerem músicas, filmes, vinhos, livros, jogos etc.

Icomo (www.icomo.com.br)
Comunidade que reúne dicas de especialistas e usuários sobre o cuidado de animais e de veículos, a alimentação, a compra dos mais variados produtos etc.

Sabido (www.sabido.com.br)
Site de *e-commerce* e comunidade virtual que discute produtos e serviços dos mais variados gêneros, com fórum, chat, comentários de especialistas, espaço para dicas de usuários etc.

Sony (www.sonytv.com.br)
Comunidade com fóruns de discussão em torno das séries da TV. Lembremos que há um número enorme de comunidades formadas pelos fãs de seriados.

Sobre Mecanismos de Busca

Berthier Ribeiro-Neto e Ricardo Baeza-Yates, *Modern Information Retrieval*. Em: www.dcc.ufmg.br/irbook/

Sobre Comunidades Virtuais em Geral

Virtual Worlds Resources. Contém artigos, endereços

de comunidades, informações sobre realidade virtual, críticas à cibercultura. Em: www.well.com/user/hlr/vircom

Jan Fernback e Brad Thompson, *Virtual Communities: Abort, Retry, Failure?* Em: Virtual Worlds Resources, www.well.com/user/hlr/texts/VCcivil.html

Emily Reich, *Virtual Community: An Annotated Bibliography*. Em: www.amherst.edu/~erreich/vircom.html

BIBLIOGRAFIA

1. Que Cultura Digital É Essa?

Interatividade

Thomas Davenport e John Beck, *A Economia da Atenção*. São Paulo: Campus, 2001.

Suely Fragoso, "De Interações e Interatividade". Em: *Compós, X Encontro*. Santos: Universitária Leopoldianum, 2001.

Jens F. Jensen, "Interactivity – Tracking a New Concept in Media and Communication Studies". Em: Paul A. Mayer (ed.), *Computer Media and Communication*. Oxford: Oxford University Press, 1999.

Mídia

Wilson Dizard Jr., *A Nova Mídia*. Rio de Janeiro: Zahar, 2001.

Phillip Swann, *TV Dot Com: the Future of Interactive Television*. New York: TV Books, 2000.

Cibercultura

Giselle Beiguelman, *O Livro Depois do Livro*. São Paulo: Peirópolis, 2003.

Hernani Dimantas, *Marketing Hacker*. São Paulo: Garamond, 2003.

Maria Ercilia, *A Internet*. Série "Folha Explica". São Paulo: Publifolha, 2000.

Katherine Hayles, *How We Became Post-Human: Virtual Bodies in Cibernetics, Literature and Informatics*. Chicago: Chicago Press, 1998.

Christine Hine, *Virtual Ethnography*. London: Sage, 2000.

Steven Johnson, *Cultura da Interface*. Rio de Janeiro: Zahar, 2001.

André Lemos e Marcos Palacios (orgs.), *Janelas da Cibercultura*. Porto Alegre: Sulina, 2001.

Pierre Lévy, *Cibercultura*. São Paulo: Editora 34, 1999.

___, *A Conexão Planetária: o Mercado, o Ciberespaço, a Consciência*. São Paulo: Editora 34, 2001.

Kevin Robins e Frank Webster, *Times of the Technoculture: from the Information Society to the Virtual Life*. New York: Routledge, 1999.

Lucia Santaella, *Culturas e Artes do Pós-Humano: da Cultura das Mídias à Cibercultura*. São Paulo: Paulus, 2003.

Andrew Shapiro, *The Control Revolution*. New York: Public Affairs, 1999.

Maíra Spanghero, *A Dança dos Encéfalos Acesos*. São Paulo: Rumos Itaú Cultural Transmídia, 2003.

Mark Stefik, *Internet Dreams: Archetypes, Myths, and Metaphors*. Cambridge (Mass.): MIT Press, 1996.

Márcio Tavares D'Amaral (org.), *Contemporaneidade e Novas Tecnologias*. Rio de Janeiro: Sette Letras, 1996.

Sherry Turkle, *Life on the Screen*. New York: Simon & Schuster, 1995.

Paulo Vaz, "Mediação e Tecnologia". Em: *Mídia, Cultura e Tecnologia*. Rio de Janeiro: Revista Famecos, 16, 2002.

Margaret Wertheim, *Uma História do Espaço de Dante à Internet*. Rio de Janeiro: Zahar, 2001.

2. O Dilúvio de Informações

Mecanismos de Busca

Mark Stefik, "Focusing the Light: Making Sense in the Information Explosion". Em: *The Internet Edge*. Cambridge (Mass.): MIT Press, 1999.

Agentes Inteligentes

Jeffrey M. Bradshaw (ed.), *Software Agents*. Cambridge (Mass.): MIT Press, 1997.

Don Foster, *Author Unknown: on the Trail of Anonymous*. New York: Henry Holt, 2000.

Pattie Maes, "Agents That Reduce Work and Information Overload". Em: Jeffrey M. Bradshaw (ed.), *Software Agents*. Cambridge (Mass.): MIT Press, 1997.

3. As Comunidades Virtuais

Construindo Comunidades

Cliff Figallo, *Hosting Web Communities: Building Relationships, Increasing Customer Loyalty, and Maintaining a Competitive Edge*. New York: Wiley Computer Publishing, 1998.

Amy Jo Kim, *Community Building on the Web*. Berkeley: Peachpit, 2000.

Jenny Preece, *Online Communities*. Chichester: John Wiley & Sons, 2000.

Inteligência Coletiva

Michel Authier, *Pays de Connaissances*. Paris: Rocher, 1998.

Steven Johnson, *Emergence: the Connected Lives of Ants, Brains, Cities, and Software*. New York: Scribner, 2001.
Derrick de Kerckhove, *Connectet Intelligence*. Toronto: Somerville House, 1997.
Rick Levine, Christopher Locke, Doc Searls e David Weinberger, *Cluetrain – Manifesto Para uma Economia Digital*. São Paulo: Campus, 1999.
Pierre Lévy, *Cyberdémocratie*. Paris: Odile Jacob, 2002.
___, *A Inteligência Coletiva*. São Paulo: Loyola, 1998.
Howard Rheingold, *A Comunidade Virtual*. Lisboa: Gradiva, 1996.

As Comunidades Sem-Fio

Howard Rheingold, Smart Mobs: the next social revolution. Cambridge, MA: Perseus, 2002.
Tom Underberg e Joseph Cothrel, "Building Successful Online Communities in a Wireless World". Em: www.participate.com, February 2001.

Cidades Digitais e Sociedade de Controle

Béatrice van Bastelaer, *Villes Virtuelles: Entre Communauté et Cité*. Paris: L'Harmattan, 2000.
Duncan Campbell, *Surveillance Électronique Planétaire*. Paris: Allia, 2001.
Gilles Deleuze, "Post-Scriptum Para uma Sociedade de Controle". Em: Gilles Deleuze, *Conversações*. São Paulo: Editora 34, 1992.
Lawrence Lessig, *Code and Other Laws of Cyberspace*. New York: Basic Books, 1999.
Victor Sandoval (dir.), *La Ville Numérique*. Paris: Hermes, 2000.

SOBRE O AUTOR

Rogério da Costa é professor do programa de pós-graduação em comunicação e semiótica e do departamento de ciência da computação da PUC-SP. Doutor em filosofia pela Universidade de Paris IV/Sorbonne e engenheiro de sistemas e computação pela Uerj.

Atualmente, coordena o LInC - Laboratório de Inteligência Coletiva da PUC/SP (www.pucsp.br/linc), integra o grupo de pesquisadores do projeto Collective Intelligence, dirigido por Pierre Lévy e promovido pela Universidade de Ottawa (Canadá). Entre outros trabalhos, escreveu *L'Ontologie du Contingent* (Villeneuve d'Ascq: Presses Universitaires du Septentrion, 1999).

FOLHA EXPLICA

Folha Explica é uma série de livros breves, abrangendo todas as áreas do conhecimento e cada um resumindo, em linguagem acessível, o que de mais importante se sabe hoje sobre determinado assunto.

Como o nome indica, a série ambiciona *explicar* os assuntos tratados. E fazê-lo num contexto brasileiro: cada livro oferece ao leitor condições não só para que fique bem informado, mas para que possa refletir sobre o tema, de uma perspectiva atual e consciente das circunstâncias do país.

Voltada para o leitor geral, a série serve também a quem domina os assuntos, mas tem aqui uma chance de se atualizar. Cada volume é escrito por um autor reconhecido na área, que fala com seu próprio estilo. Essa enciclopédia de temas é, assim, uma enciclopédia de vozes também: as vozes que pensam, hoje, temas de todo o mundo e de todos os tempos, neste momento do Brasil.

1 MACACOS Drauzio Varella
2 OS ALIMENTOS TRANSGÊNICOS Marcelo Leite
3 CARLOS DRUMMOND DE ANDRADE Francisco Achcar
4 A ADOLESCÊNCIA Contardo Calligaris
5 NIETZSCHE Oswaldo Giacoia Junior
6 O NARCOTRÁFICO Mário Magalhães
7 O MALUFISMO Mauricio Puls
8 A DOR João Augusto Figueiró
9 CASA-GRANDE & SENZALA Roberto Ventura
10 GUIMARÃES ROSA Walnice Nogueira Galvão
11 AS PROFISSÕES DO FUTURO Gilson Schwartz
12 A MACONHA Fernando Gabeira
13 O PROJETO GENOMA HUMANO Mônica Teixeira
14 A INTERNET Maria Ercilia
15 2001: UMA ODISSÉIA NO ESPAÇO Amir Labaki
16 A CERVEJA Josimar Melo
17 SÃO PAULO Raquel Rolnik
18 A AIDS Marcelo Soares
19 O DÓLAR João Sayad
20 A FLORESTA AMAZÔNICA Marcelo Leite
21 O TRABALHO INFANTIL Ari Cipola
22 O PT André Singer
23 O PFL Eliane Cantanhêde
24 A ESPECULAÇÃO FINANCEIRA Gustavo Patú
25 JOÃO CABRAL DE MELO NETO João Alexandre Barbosa
26 JOÃO GILBERTO Zuza Homem de Mello
27 A MAGIA Antônio Flávio Pierucci
28 O CÂNCER Riad Naim Younes

29 A DEMOCRACIA — Renato Janine Ribeiro
30 A REPÚBLICA — Renato Janine Ribeiro
31 RACISMO NO BRASIL — Lilia Moritz Schwarcz
32 MONTAIGNE — Marcelo Coelho
33 CARLOS GOMES — Lorenzo Mammì
34 FREUD — Luiz Tenório Oliveira Lima
35 MANUEL BANDEIRA — Murilo Marcondes de Moura
36 MACUNAÍMA — Noemi Jaffe
37 O CIGARRO — Mario Cesar Carvalho
38 O ISLÃ — Paulo Daniel Farah
39 A MODA — Erika Palomino
40 ARTE BRASILEIRA HOJE — Agnaldo Farias
41 A LINGUAGEM MÉDICA — Moacyr Scliar
42 A PRISÃO — Luís Francisco Carvalho Filho
43 A HISTÓRIA DO BRASIL NO SÉCULO 20 (1900-1920) — Oscar Pilagallo
44 O MARKETING ELEITORAL — Carlos Eduardo Lins da Silva
45 O EURO — Silvia Bittencourt
46 A CULTURA DIGITAL — Rogério da Costa
47 CLARICE LISPECTOR — Yudith Rosenbaum
48 A MENOPAUSA — Silvia Campolim
49 A HISTÓRIA DO BRASIL NO SÉCULO 20 (1920-1940) — Oscar Pilagallo
50 MÚSICA POPULAR BRASILEIRA HOJE — Arthur Nestrovski (org.)
51 OS SERTÕES — Roberto Ventura
52 JOSÉ CELSO MARTINEZ CORRÊA — Aimar Labaki
53 MACHADO DE ASSIS — Alfredo Bosi

Este livro foi composto nas fontes Bembo
e Geometr 415 e impresso em novembro
de 2003 pela Gráfica Bandeirantes, sobre
papel offset 90 g/m², para a Publifolha.